생각

THOUGHT : A Very Short Introduction

First edition was originally published in English in 2013.
Korean translation rights arranged with Oxford University Press
through EYA(Eric Yang Agency).

첫단추 시리즈
007

생각

팀 베인 지음
김미선 옮김

교유서가

차례

제 1 장

생각이란 무엇인가?

인간은 자연에서 가장 연약한 한 줄기 갈대일 뿐이다. 그러나 그는 생각하는 갈대이다.
—블레즈 파스칼

생각이란 무엇인가? 책을 시작하면서 제기하기에는 이상한 질문처럼 여겨질지도 모른다. 책—특히 생각에 관한 책!—을 읽을 만큼 용감한 사람이라면 생각하는 일이 낯설지 않으리라고 해도 틀린 말은 아닐 테니까. 사실, 당신은 오늘도 이미 꽤 많은 생각을 했을 것이다. 평범한 일과 중에는 생각이 거의 없는 시간—아마 마음속에 아무 생각이 없는 시간마저—도 있겠지만, 생각이 없는 삶은 인간의 삶으로 인정할 수 없을 것이다. 문제의 생각이 시시한 것('배고파')이건, 두려운 것('그가 총을 가졌어!')이건, 심오한 것('어떤 무한대는 다른 무한대보다 크지')이건, 괴이한 것('나는 신의 왼발이야')이건, 생각이 인간에게 자연스럽게 떠오른다는 점을 부인할 사람은 아무도 없다. 인간과 생각의 관계는 독수리와 비행, 돌고래와 헤엄의 관계와 같다고 해도 좋으리라.

하지만 생각하는 일과 생각의 본성을 이해하는 일은 다른 문제다. 독수리가 공기역학의 원리를 파악하지 않아도 날 수 있고 돌고래가 부유의 물리학을 이해하지 않아도 헤엄칠 수 있는 것과 마찬가지로, 우리들 대부분은 생각의 본성을 진정으로 통찰하지 않아도 생각할 수 있다. 생각하기는 아무나 하는 일일 수 있지만, 생각 자체에 관해 생각하려면 다소 특이한 마음의 소질이 필요하다.

생각의 학문은 여러 분야에 다리를 걸치고 있다. 철학자는 생각의 논리 구조를 비롯해 생각과 다른 심적 현상(지각 상태나 신체 감각 등)의 관계를 탐구한다. 심리학자는 우리의 사고력을 뒷받침하는 과정들과 이 과정이 교란될 수 있는 경로들을 연구한다. 신경과학자는 생각의 신경 기제를 탐색하고, 인류학자는 사고방식의 문화적 편차를 조사한다. 언어학자는 생각과 언어의 관계를 살펴보고, 인지동물행동학자는 인간 이외의 종이 하는 생각을 연구하며, 컴퓨터과학 및 인공지능

분야의 연구자는 생각을 생물계 밖에서 구현하는 방법을 탐구한다. 이 책에서 나는 이러한 분야에서 구할 수 있는 지식을 자유롭게 활용해 생각이 지닌 흥미진진한 많은 측면들 중 일부를 소개한다. 여기서 제공하는 정보의 범위는 어쩔 수 없이 매우 선택적일 터이므로, 생각의 어떤 측면은 지나가는 말로만 언급될 것이고, 다른 많은 측면은 완전히 간과될 것이다. 하지만 바라건대, 우리가 다루는 기초가 당신의 가장 매혹적인 주제임에 틀림없는 한 주제를 더 깊이 파고들려는 욕구를 자극하기를.

어떤 주제에 관해 명확하게 생각하려면 흔히 구분이 필요하고, 생각에 관해 명확하게 생각하려는 경우도 이 일반 규칙에서 예외가 아니다. '생각'이라는 용어는 심적 생활의 세 가지 전혀 다른 특징을 가리킬 수 있다. 첫째, '생각'은 일정한 종류의 심적 **능력**을 가리킬 수 있다. 시력이나 청력과 연관되는 심적 능력이 있는 것과 마찬가지로, 사고력과 연관되는 심적 능력—혹은 능력들—도 있다. 생각이라는 능력은 몇 가지 의문을 일으킨다. 그러한 능력을 지니려면 무엇이 필요할까? 어떤 피조물들이 그러한 능력을 지니고 있을까? 생각이라는 능력과 다른 심적 능력들, 예컨대 지각이나 언어와 연관되는 심적 능력 사이에는 어떤 관계가 있을까?

둘째, '생각'은 일정한 유형의 심적 **상태**나 **사건**을 가리킬 수 있다. 어떤 대상에 관해 생각한다는 것은 어떤 식으로든 대상을 마음 앞으로 가져오는 것이다. 물론, 생각을 유발하지 않으면서 '마음 앞으로' 대상을 가져오는 방법들도 있다. 예컨대 대상을 보려면 어쩔 수 없이 대상을 마음 앞으로 가져와야 하지만, 우리가 눈에 보이는 대상에 관해 생각할 수 있음—그리고 흔히 생각함—에도 불구하고, 무언가를 보는 게 그 자체로 그에 관해 생각하는 방법인 것은 아니다. 생각과 구별되는 방식으로 뭔가를 마음 앞으로 가져오려면 정확히 어떻게 해야 하는지를 말하기는 쉽지 않지만, 그 현상은 충분히 익숙하다. 톨스토이가 안나 카레니나에 관해 '그녀는 그의 사랑이 식으면 어떻게 될까 하는 무시무시한 생각을 낮에는 일로, 밤에는 모르핀으로 잠재울 수밖에 없었다'라고 말할 때, 우리는 그녀의 심적 상태를 즉시 알아차린다. 하지만 우리가 단지 생각을 직관적으로 파악하는 수준을 넘어 생각의 본성을 이해하는 데까지 나아갈 수 있을까? 생각이 신체 감각이나 지각 경험, 감정 상태 따위 다른 종류의 심적 사건들과 어떻게 다른지를 말할 수 있을까? 한 종류의 생각(예: 청구서의 계산이 틀렸음을 깨닫기)이 다른 종류의 생각(예: 커피가 준비되었는지 궁금해하기)과 어떻게 다른지도 확인할 수 있을까? 그리고 생각의 핵심적 본성은 어떤 것일까? 모종의 물리적 상태를 가리키는 용어로 생각을 설명할 수 있을까, 아니면 모종의 비물리적 실재에 호소해야 생각을 해명할 수 있을까?

'생각'이라는 용어가 적용되는 심적 생활의 셋째 특징은 독특한 종류의 **활동**과 관계가 있다. 누군가를 찾거나 무언가를 듣는 일에 열중할 수 있는 것과 마찬가지로, 무언가에 관해 생각하는 일에도 열중할 수 있다. 우리는 '생각에 빠져 있었어'라는 말로 양해를 구하고, '그걸 생각하기에는 너무 피곤해'라는 고백으로 어떤 주제에 관한 논의를 거절한다. 어떤 사람들을 '생각이 깊은 사람'으로, 다른 사람들을 '생각이 더딘 사람'으로 묘사하기도 한다. 실은, 지식인을 단순히 '생각하는 사람'으로 묘사할 때도 있다. 마치 그들이 이런 종류의 활동을 독점할 권리라도 가진 것처럼! 여기서도 생각의 본성은 우리에게 많은 의문을 제기한다. 어떤 주제에 관해 능동적으로 생각하려면 정확히 무엇이 필요할까? 생각의 과정에는 서로 다른 유형들이 있을까? 만일 그렇다면, 그 유형들은 서로 어떤 관계일까? 어떤 규범들이 생각하기라는 활동을 인도해야 할까?

우리가 방금 제기한 질문 모두에 답할 수는 없겠지만, 답을 시작할 수는 있을 것이다. 생각이라는 능력에서부터 시작하자.

생각이라는 능력

프랑스의 철학자 르네 데카르트는 생각(이성)을 '모든 상황에서 사용할 수 있는 보편적 도구'로 묘사한 적이 있다. 그는 도대체 무슨 말이 하고 싶었던 것일까?

사과를 지각하는 일과 사과를 생각만 하는 일의 차이를 고려해보라. 사과를 지각하려면 사과와 당신 사이에 직접적인 인과적 연관성이 있어야 한다. 사과를 비추는 빛을 사과가 반사한 다음 당신의 시각계가 처리해야 한다. 반면, 사과를 생각하는 데에는 그처럼 직접적인 인과적 연관성이 필요하지 않다. 지각하려면 의식 안에 들어오게 될 대상을 직접 접촉해야 하지만, 생각은 그렇지 않다. 그뿐 아니라, 대상을 지각하려면 일정한 종류의 상당히 정밀한 환경 조건들이 존재해야 한다. 사과가 나무에서 떨어지는 것을 보려면 나무가 가시선 안에 있어야 하고, 사과가 땅에 떨어지는 소리를 들으려면 사과가 가청권 안에서 떨어져야 한다. 과학기술이 이런 한계들을 어느 정도는 극복하게 해주지만—거울은 우리 뒤에 있는 대상을 보게 해주고 마이크는 먼 곳에서 일어나는 사건에 관해 듣게 해주지만—이런 요인을 감안하더라도 지각은 생각과 달리 여전히 환경에 의존한다. 대상에 관한 생각은 대상이 안개에 싸여 있을 때나 방음된 방에 숨겨져 있을 때에도 할 수 있다. 지각에는 세계와 '맞물린' 그리고 '자극에 의존하는' 형태의 접촉이 필요한 반면, 생각은 피조물이 환경과 '동떨어진' 그리고 '자극과 무관한' 방식으로 환경을 표상하게 해준다는 말로 이 점을 포착할 수 있다. 다시 말해, 지각 능력은 일정한 종류의 상황에서(대상이 존재하고 환경이 협조할 때에)만 사용할 수 있는 반면, 사고 능력은 데카르트의 말처럼 '모든 상황에서' 사용할 수 있다.

생각이 '동떨어진' 그리고 '자극과 무관한' 방식으로 대상을 표상한다는 사실 덕분에 우리는 대상이 없어도 대상을 생각할 수 있다. 우리는 아직 일어나지 않은 사건에 관해 생각할 수도 있고 결코 일어나지 않을 사건에 관해 생각할 수도 있을 뿐만 아니라, 결코 일어날 수 없을 사건에 관해서도 생각할 수 있다. 이 능력 덕분에 우리는 사건이 일어나기 전에 사건의 결과를 예상하고 이에 대비할 수 있다. 사건의 예상되는 결과가 긍정적이면 사건을 일으키려 해도 될 테고, 결과가 부정적이면 사건이 일어나지 않도록 조치를 취할 수 있다. 따라서 생각할 능력을 가진 피조물은 지각에만 의존하는 피조물이 할 수 없는 방식으로 자신의 환경을 통제할 수 있다.

데카르트의 묘사가 가리키는 생각의 둘째 특징은 생각의 범위와 관계가 있다. 지각은 우리가 가까운 범위의 것에만 접근하게 해주는 반면, 생각이 닿을 수 있는 거리는 (사실상) 무한하다. 한 피조물이 지각할 수 있는 것의 범위는 그 피조물이 지닌 지각 능력의 특징에 의해 제한된다. 우리는 매우 작은 대상을 볼 수 없고, 매우 높은 소리를 들을 수 없고, 매우 희미한 냄새를 맡을 수 없다. 하지만 우리가 생각할 수 있는 대상의 범위에는 그러한 한계가 없다. 우리는 공간적으로도 시간적으로도 우리에게서 멀리 떨어져 있는 대상을 생각할 수 있다. 그뿐 아니라 숫자나 아원자 입자처럼 원리적으로 지각이 불가능한 것에 관해서도 생각할 수 있다. 대상을 추적할 수 있는 방법이 있는 한, 그에 관해 생각할 수도 있다. 이름('칭기즈 칸' '부르키나파소')이나 묘사('모퉁이 카페의 바리스타' '가장 위대한 브라질의 축구 선수')만 있으면 그에 관해 생각할 수 있다.

생각의 범위에 제한이 없다는 각별히 중요한 점은 생각 덕분에 탐지할 수 있는 속성의 종류와 관계가 있다. 다시 한번 지각과 대비해보면 도움이 된다. 사과가 빨갛다거나 사과 한쪽이 움푹 들어가 있다는 것은 눈만 있으면 볼 수 있지만, 생각할 힘을 가진 피조물만이 사과는 서아시아에서 기원했다거나, 사과는 인간 유전체보다 더 많은 유전자를 가지고 있다는 사실을 헤아릴 수 있다. 다시 말해, 생각은 우리로 하여금 우리가 지각으로 접근할 수 없는 세계의 특징들을 파악할 수 있게 해준다. 지각 능력밖에 없는 피조물은 환경의 물리적 특징에는 반응할 수 있지만 경제적·정치적·심리적 특징에는 반응할 수 없다. 인플레이션을 무효화하기 위한 조치를 취할 수도,

선거에 참여할 수도, 누군가의 시각이 틀렸다고 그를 설득해 볼 수도 없다. (세계를 표상하는 생각의 능력이 **절대적으로** 무한할까? 아마 그렇지 않을—생각에도 한계가 있을—것임을 마지막 장에서 볼 것이다. 하지만 생각의 범위에 상대적 한계는 거의 없을 법하다.)

데카르트의 묘사가 가리키는 생각의 셋째 특징은 생각의 체계적이고, 통합적이고, 조정 가능한 본성이다. 생각하는 존재는 한 상황을 다른 상황과 연관시킬—사물의 이면에 있는 사건들의 연관성을 파악할—수 있다. 헝가리의 의사 이그나츠 제멜바이스(Ignaz Semmelweis)에 얽힌 의학사의 유명한 일화를 생각해보라. 빈에 있는 병원에서 일하는 동안, 제멜바이스는 한 병동의 산욕열 발병률이 다른 병동의 발병률보다 훨씬 더 높다는 사실을 알아차렸다. 또한 감염률이 높은 병동에서 일하는 의대생들은 어떤 시신의 부검을 마친 직후에 임산부를 진료한 반면에 다른 병동에서 일하는 의대생들은 그렇지 않았음에 주목하고, 학생들이 '시신의 물질'로 임산부들을 감염시키는 게 아닐까 생각했다. 그래서 의대생들이 임산부를 돌보기 전에 차아염소산칼슘(클로르칼크)—부검과 연관된 냄새를 제거한다고 알려져 있던 물질—으로 손을 씻도록 하여 이 가설을 검증했다. 이 습관을 제도화한 결과, 산욕열로 인한 사망률은 극적으로 떨어졌다. 제멜바이스의—질병의 세균 이론의 기초를 놓은—연구에는 두 가지 생각의 행위가 필요했다. 그때까지 아무도 주목하지 않았던 의대생의 활동과 대조적인 산욕열의 비율 사이의 연관성을 파악해야 했을 뿐만 아니라, 가설을 검증할 방법도 필요했다는 말이다.

과학사에 들어 있는 이 일화가 생각의 통합력과 창조력을 보여주는 두드러진 일례를 제공하지만, 우리는 이런 힘들을 날마다 사용한다. 한정된 예산으로 해외 휴가 계획을 짜는 중이건, 육아가 제기하는 난제들과 정신없는 작업 일정을 오가며 둘 다를 아슬아슬하게 감당하는 중이건, 단순히 A에서 B로 가는 최선의 길을 알아내려는 중이건, 우리들 대부분은 사건들 사이의 관계를 생각하며 우리 삶의 많은 시간을 보낸다. 사실, 생각의 통합력은 이론적 · 실용적 추리뿐만 아니라 유머에서도 드러난다. 농담을 이해하려면 전형적으로, 평소에는 무관한 주제들 사이의 연관성을 이해해야 한다. (수조tank 안에 물고기 두 마리가 있다. 한 마리가 다른 한 마리에게 묻는다. “너, 이 탱크 어떻게 운전하는지 알아?”)

생각의 체계성이 지닌 중요한 한 측면은 어떤 유형의 생각을 할 능력이 다른 유형의 생각을 할 능력과 단단히 묶여 있다는 것이다. 마르코가 발렌티나보다 키가 크다는 생각을 품을 수 있는 피조물은 발렌티나가 마르코보다 크다는 생각도 품을 수 있을 것이다(그 반대도 마찬가지다). 이 능력은 생각이 여러 성분으로 구성되어 있다는 사실로 설명된다. 마르코가 발렌티나보다 크다고 생각하려면 마르코에 관해 생각하는 법, 발렌티나에 관해 생각하는 법, '~보다 크다'라는 관계에 관해 생각하는 법을 알아야 한다. 하지만 마르코, 발렌티나, '~보다 크다'라는 관계에 관해 생각할 수 있는 피조물은 마르코가 발렌티나보다 크다는 생각도 할 수 있고 발렌티나가 마르코보다 크다는 생각도 할 수 있다. 생각의 체계성이 생각의 매우 중요한 특징인 이유는 그 덕에 합리성이 가능해지기 때문이다. 관련 개념들을 지니고 있는 피조물은 마르코가 발렌티나보다 크고, 차례로 발렌티나가 일리아보다 크다면, 마르코는 일리아보다도 클 것이 틀림없음을 추론하여 지식의 재고를 늘릴 수 있다.

지금까지 생각이란 '모든 상황에서 사용할 수 있는 보편적 도구'라는 데카르트의 묘사가 생각의 세 가지 중심 특징을 포착함을 보았다. 포착하는 사실은 다음과 같다. 첫째, 생각은 자극과 무관하고 환경과 동떨어진 방식으로 대상을 표상할 능력을 수반한다. 둘째, 생각은 (상대적으로) 무한한 범위의 대상과 속성을 표상할 능력을 수반한다. 셋째, 생각은 짜임새 있고 융통성 있는 방식으로 환경을 표상할 능력, 즉 잠재적 합리성 및 통찰을 뒷받침하는 능력을 수반한다.

더 나아가기 전에, 우리는 방금 스케치한 생각의 개념이 이

상화된 것임을, 그리고 어떤 피조물의 세계 표상 능력은 어떤 면에서는 이 이상과 들어맞지만 다른 면에서는 모자랄지도 모름을 깨달아야 한다. 예컨대 어떤 피조물들은 없는 대상을 표상할 수 있기는 하지만, 대상이 지닌 매우 제한된 범위의 성질들만 표상할 수 있을 것이다. 아니면, 생각과 비슷한 방식으로 다양한 영역을 표상할 수 있지만, 영역들 사이에 있을 수 있는 관계에 관해 생각할 능력은 비교적 제한되어 있는 피조물들도 있을 것이다. 그러한 경우들에 관해서는 뭐라 말해야 할까?

나는 위에서 개요를 보인 방식으로 세계를 표상할 수 있는 한, 그 피조물은 생각할 능력을 지니고 있다고 말해야 한다고 생각한다. 생각할 수 있는 피조물과 생각할 수 없는 피조물을 가르는 명백한 선 따위는 없을 것이다. 대신, 우리는 생각의 '이상적 사양'에는 한참 못 미치지만 약간의 흥미를 끌 정도로 생각과 비슷한 표상 능력을 가진 피조물—예컨대 어린아이들이나 인간 이외의 동물들—이 있을 것임을 인정해야 한다. 실은, 분명하고 모호하지 않게 생각하는 존재의 자격을 지닌 (우리 자신과 같은) 피조물조차도 어떤 면면에서는 이 사양에 못 미칠지도 모른다. 우리가 보고 들은 것을 토대로 추측하는 게 늘 진실인 것은 아니기 때문이다.

생각의 유형

이제 능력으로서의 생각을 떠나 독특한 종류의 심적 사건 또는 상태로 여겨지는 생각으로 주의를 돌려보자. 생각을 다른 종류의 심적 사건 및 상태와 구분하는 것은 무엇이며, 한 종류의 생각을 다른 종류의 생각과 구분하는 것은 무엇일까?

당신이 모닥불을 쬐고 있다고 하자. 당신은 불에서 튀는 불똥을 볼 수 있고 불꽃의 아우성도 들을 수 있다. 이는 물론 다양한 종류의 지각 사건이지만, 당신은 한편으로 모닥불에 관해 생각하고 있는 자신을 발견할 것이다. 당신은 연소가 정확히 어떻게 작동하는지 궁금해하거나, 갑자기 풍향이 바뀌면 모닥불에 무슨 일이 생길지 궁금해하는 자신을 발견할지도 모른다. 이 생각들은 당신의 지각 경험이 유발하겠지만, 그 자체가 지각의 어떤 형태인 것은 아니다. 우리는 생각을 신체 감각과 대조할 수도 있다. 모닥불을 쬐면 거북할 만큼 뜨거워진다는 것과 단지 모닥불을 쬐면 거북할 만큼 뜨거워질지도 모른다는 가능성을 고려하는 것은 다른 문제다. 더 일반적으로 말해, 우리는 몸을 감지하는 것과 몸에 관해 생각하는 것을 구분할 필요가 있다. 국부 마취를 하면 발에 감각이 없어질지도 모르지만, 발에 관해 생각할 수 없지는 않을 것이다.

생각은 지각 및 신체 감각과 구분되지만, 생각과 그에 상대되는 지각 상태 및 신체 감각 사이에는 중요한 접촉점이 많이 있다. 우선, 지각 상태와 신체 감각이 어떤 생각을 촉발할 수 있다. 거리에서 시끄러운 소리가 들리면 이웃들 사이에서 싸움이 벌어졌다는 결론으로 건너뛰게 될지도 모르고, 가슴에서 이상한 감각이 느껴지면 심장마비가 오고 있는 것은 아닌지 의심하게 될지도 모른다. 감각 상태는 단지 다양한 종류의 생각을 일으키는 데 그치지 않고 그 생각을 뒷받침하는 증거를 제공할 수도 있다. 거리에서 나는 소음으로 주의를 돌리면 이웃들이 싸우고 있다는 생각이 옳았다는 게 밝혀질지도 모르고, 마찬가지로 가슴에서 느껴지는 이상한 감각을 언급하면 심장마비가 오고 있다는 가설이 지지될지도 모른다.

생각과 그에 상대되는 (지각이나 신체 감각과 같은) 감각 상태를 직관 수준에서 파악하기는 어렵지 않지만, 또렷하고 엄정하게 말로 표현하는 것은 간단한 일과 거리가 멀다. 어떤 이론가들은, 생각은 개념의 전개를 수반하는 반면에 감각 상태는 그러지 않는다는 사실 덕분에 생각을 지각 상태 및 신체 감각과 구분할 수 있다고 주장한다. 여기서 말하려는 것은, 대상이 고양이라는 것은 고양이의 개념이 없어도 눈으로 확인할 수 있지만, 고양이에 관한 생각은 고양이의 개념이 없으면 할 수 없다는 것이다. 그러나 이런 식으로 생각을 감각 상태와 구분하려는 시도는 논란의 여지가 있다. 많은 이론가가 지각도 개념을 수반한다고 주장할 뿐만 아니라, 개념이란 무엇인가를 정확히 말하기도 매우 어렵다는 게 입증되어왔기 때문이다.

다른 이론가들은 의식적 성격—어떤 종류의 심적 상태에 있는 것은 '어떤 느낌인가'—이라는 관념에 호소하여 생각을 감각 상태와 구분할 수 있다고 제안한다. 이 가운데 일부 이론가들은 생각에는—감각 상태와 달리—의식적 성격이 아예 없다고 주장한다. 이 입장에 따르면, 무지개 보기나 피아노 연주 듣기와 같은 것에는 독특하게 느껴지는 뭔가가 있는 반면, 무지개나 피아노에 관해 생각하기에는 독특하게 느껴지는 뭔가가 없다. 다른 일부 이론가들은 생각하기에도 독특하게 느껴지는 뭔가가 있다고, 하지만 생각하는 느낌은 지각 상태나 신체 감각을 즐기는 느낌과 매우 다르다고, 다시 말해 감각 상태에는 순수하게 '감각적인 성격'이 있는 반면, 생각의 경험적 성격—이라고 주장되는 것—은 뚜렷하게 인지적이라고 주장한다. (또다른 일부 이론가 집단은 생각의 의식적 성격에 관한 논의 자체를 매우 모호한 것으로 느끼며, 도대체 사람들이 이 논쟁이 정확히 무엇에 관한 것인지나 아는지(!)도 미심쩍어한다.) 확실한 것은, 의식적 성격이라는 관념에 호소해 생각을 감각 상태와 구분할 수 있느냐 없느냐에 관한 합의가 없다는 것뿐이다. (당신은 어떻게 생각하는가? 의식적으로 생각하는 것에 독특하게 '느껴지는' 뭔가가 있는 것 같은가?) 요컨대, 우리에게는 생각을 지각 및 감각 사건과 구분하는 꽤 탄탄한 능력이 있는 듯하지만, 이 구분이 정확히 무엇에 해당한다는 정립된 설명은 없다.

이제 한 종류의 생각이 다른 종류의 생각과 어떻게 다른가 하는 문제로 넘어가자. 생각을 서로 구분할 수 있는 기준에는 두 가지 차원이 있다. 첫째 차원은 생각이 무엇에 **관한** 것인가와 관계가 있다. 우리는 특정한 존재자—세네갈, 율리우스 카이사르, 숫자 6 등—에 관해 생각할 수 있다. 종류—외래종 동물을 소유한 사람들, 달 위를 걸어본 사람들 등—에 관해서도 생각할 수 있다. 속성—키가 180센티미터임, 나이가 내 형제들보다 많음 등—에 관해서도 생각할 수 있다. 상황—매트 위에 고양이가 있다는 사실, 매트 위에 개가 없다는 사실 등—에 관해서도 생각할 수 있다. 가능성과 필연성—**그럴 수도 있었지만 그렇지 않은 방식** 또는 **그러하고 그래야만 하는 방식**—에 관해서도 생각할 수 있다. 존재하지 않는 것—제우스, 셜록 홈스 등—에 관해서도 생각할 수 있다.

생각이 무엇에 관한 것인가를 언급하는 방법에도 두 가지가 있다. 그러한 존재자를 생각의 **대상**으로 언급할 수도 있고, 생각의 **내용**으로 언급할 수도 있다는 말이다. (여기서 '내용'이란 '명제적 내용propositional content'의 줄임말이다.) 이 이야기 방식은 제각기 쓸모가 있으므로, 우리도 둘 다 이용할 것이다.

생각을 구분하는 기준이 되는 둘째 차원은 생각하는 존재가 생각의 대상이나 내용에 대해 취하는 **태도**와 관계가 있다.

아침식사에 커피가 나올 가능성에 관한 생각을 고려해보라. 한 사람은 아침식사에 커피가 나올 거라는 **믿음**을 지녔을 수 있고, 다른 사람은 아침식사에 커피가 나왔으면 하는 **욕구**를 지녔을 수 있고, 또다른 사람은 아침식사에 커피를 내려는 **의도**를 지녔을 수 있다. 이 용어들—'믿음' '욕구' '의도'—은 제각기 같은 상황에 대해 취할 수 있는 다른 태도들을 집어낸다. (여기서 '태도attitude' 대신 '방식mode'이라는 용어를 쓰는 저자들도 있다.)

이 두 차원을 합치면 생각의 **명제적 태도**(propositional attitude) 개념이라 할 만한 것이 주어진다. 그러나 이 생각의 개념이 이해에 도움이 되더라도, 생각을 명제적 태도 상태와 **동일시**하는 것은 현명하지 않을 것이다. 믿음의 본성을 돌아보면 이유를 알 수 있다. 다음을 자문해보라. '안데스 산맥이 어느 대륙에 있지?' 당신이 자신에게 이 질문을 던진 걸 보니, 당신은 분명 안데스 산맥에 관해 생각하고 있—다고 나는 추정한—다. 하지만 이제 5분 전, 당신이 아직 이 질문을 고려하지 않았던 때에 당신이 있던 정신 상태를 생각해보라. 당신은 안데스에 관해 생각하고 있지 않았지만, (내가 추정하건대) 안데스가 남아메리카에 있다고 믿고는 있었다. (만일 그때 누군가가 당신에 대해, 당신은 안데스가 남아메리카에 있다고 믿는다고 말했다면, 그가 한 말은 사실이었을 것이다.) 이는 논의중인 문제에 관해 생각하고 있지 않을 때라도 뭔가가 사실이라고 믿을 수 있음을 암시한다. 이렇듯 현재 일어나고 있지 않은 상태들을 성향적 믿음(dispositional belief)이라 일컬을 수 있다. 사실, 우리 믿음의 대다수는 단지 성향에 가깝다. 어느 한 시점에든 우리는 언제나 우리 믿음의 아주 작은 부분밖에 고려하지 않기 때문이다. 믿음에 해당되는 것은 욕구나 의도와 같은 다른 종류의 명제적 태도 상태에도 적용된다. 논의중인 시점에 실제로 마라톤이나 결혼이라는 주제에 관해 생각하고 있지 않아도 마라톤을 하고 싶거나 결혼할 작정일 수 있다는 말이다.

이것이 생각과 명제적 태도의 관계와는 어떻게 연관될까? 연관성은 바로, 명제적 태도 상태는 성향적일 수 있지만 생각 자체는 성향적일 수 없다는 데 있다. 누군가가 안데스 산맥에 관해 생각중이라고 말하는 것은 그가 어떤 식으로든 현재 안데스 산맥에 관한 심적 상태에서 그 상태를 의식하고 있으리라는 주장에 헌신하는 것이다. 반면에, 누군가가 안데스와 관련된 믿음이나 욕구, 의도를 가지고 있다고 말하는 것은 그러한 주장에 헌신하는 것이 아니다. '생각'이라는 단어는 현재 일어나고 있는 명제적 태도의 표명을 위해 마련된 단어라 말할 수 있을 것이다.

생각의 실행

지금까지는 생각을 특정한 종류의 심적 능력이자 특정한 종류의 심적 상태 또는 사건으로 여겨왔다. 이제 생각의 셋째 측면, 즉 심적 활동으로서의 생각으로 넘어가자. 다시 말해, **생각하기**를 고려해보자.

생각하기를 이해하려면 생각이 서로와 관련되는 방식을 이해할 필요가 있다. 생각은 따로 떨어져서 일어날 수도 있지만—신호등 앞에서 신호를 기다리고 있는 동안 문득, 우정은 근본적 선(善)이라는 생각이 떠오를지도 모른다—아마도 생각의 열(列), 즉 어떤 식으로든 서로와 관련된 연쇄적 생각의 성분들로서 일어나는 일이 더 흔할 것이다.

생각의 열을 구성하는 성분들이 서로와 연관될 수 있는 방식에는 두 가지가 있다. 어떤 생각의 열은 **연상** 관계만 연관시킨다. 스코틀랜드의 철학자 데이비드 흄이 관찰했듯이, '생각은 어느 정도 방법과 규칙성을 가지고 서로를 소개한다'. 흄은 나아가 생각이 서로를 '소개'하는 수단이 되는 몇 가지 연상 관계를 확인했다. 이를테면 한 생각의 대상이 다른 생각의 대상과 닮았을지도 모른다. 흄 자신의 예를 이용하자면, 때때로 어떤 그림에 대해 생각하다보면 그 그림에서 묘사되는 대상에 대해 생각하게 된다. 연상적 생각은 백일몽을 비롯한 여러 형태의 몽상을 통해 우리에게 친숙하다. 책을 토대로 한 영화들이 일반적으로 원작만큼 좋은지 그렇지 않은지 궁금해하기 시작하면, 최근에 어떤 영화들이 개봉되었는지 궁금해지고, 차례로 오늘이 무슨 요일인지 궁금해져서, 결국 마감일이 연상되는 식이다.

연상 관계로 연결된 생각의 열과 대조적으로, **추론** 관계로 연결된 생각도 있다. '소크라테스는 인간이다' '모든 인간은 죽을 운명이다' '소크라테스는 죽을 운명이다'라는 생각을 고려해보라. 이 생각의 열을 구성하는 성분들은 추론으로 연결되어 있다. 첫째와 둘째 생각이 참이면 셋째 생각도 참이어야 하기 때문이다. 다른 예로, '우편물은 일반적으로 오전 9시까지 배달된다' '지금은 오전 9:30이다' '우편물이 배달되어 있다'라는 생각을 고려해보라. 이 생각의 열 역시 추론 관계들을 연관시킨다. 앞의 두 생각이 셋째 생각을 지지할 근거를 제공하기 때문이다. 이 두 가지 추론적 생각의 열은 (말하자면) 묘지에 관한 생각이 죽을 수밖에 없는 운명에 관한 생각을 유발하거나, 우체국이 파업할 수도 있다는 신문 기사가 오늘의 우편물은 이미 배달되었는지 걱정하게 하는 식의 연상적 생각의 열과 대비될 수 있다. 연상적 생각의 열과 추론적 생각의 열이 지닌 차이는 많은 맥락에서 지극히 중요하다. 기소중인 변호사가 어떤 판결을 얻기 위해 적용할지도 모르는 두 가지 전략을 생각해보라. 한 가지 전략은, 논리 및 증빙 관계를 수

단으로 배심원들의 마음속에 유발한 생각의 열이 배심원들을 사건에 관한 사실들(시신의 위치, 현장의 지문)에 관한 생각에서부터 피고인은 유죄라는 생각까지 데려가도록 하는 전략이다. 변호사가 적용할지도 모르는 또 한 가지—그리고 다소 더 평판이 나쁜—방법은 배심원들이 피고인을 범죄와 연관시키는 일련의 생각을 하도록 부추기는 전략이다. 예컨대 변호사가 피고인이 악명 높은 범죄자와 생김새가 닮았음을 지적한다면, 그 때문에 배심원들에게 떠오른 생각들이 자연스럽게 피고인은 유죄라는 생각을 '소개'할 것이다.

순수하게 연상적인 생각의 열을 뒤쫓는 데에서도 얻어지는 기쁨이 있지만, 생각하기의 위력은 그것이 우리로 하여금 생각들 사이의 논리 및 증빙 관계를 추적할 수 있게 해준다는 사실에 있다. 실제로 우리는 그러한 관계를 추적하는 활동을 위해 '생각하기'라는 용어를 아껴두는 경향이 있다. 형사에게 범죄 해결 능력을 주고, 과학자가 가설을 검증하게 해주고, 스도쿠 애호가에게 퍼즐을 완성할 능력을 제공하는 것이 바로 생각들 사이의 추론 관계를 파악하는 능력이다. 생각의 가치 중 많은 부분은 어떤 생각이 어떤 생각에서 따라 나오는지 '보이도록' 생각들을 정합적인 행렬로 조직하는 능력에서 나온다. 다시 말해, 생각하기에 대한 우리의 관심은 대부분 **추리**에 관한 것이다.

심리학 연구는 추리가 두 가지 형태를 띨 수 있음을 암시한다. 어떤 추리는 자동적이고 직관적인 반면, 다른 추리는 통제되며 반성적이다. (이를 흔히 '시스템 1' 추리와 '시스템 2' 추리의 구분이라 한다.) 자동적 추리는 빠르고 대개 의식되지 않는 반면, 통제되는 추리는 느리고 일반적으로 의식의 지배를 받는다. 자동적 추리와 통제되는 추리의 구분은 엄밀한 것이 아니라 한 연속체의 양 극단을 표시하며, 추리의 많은 예는 '순수하게 자동적인' 추리와 '순수하게 통제되는' 추리 사이의 어딘가에 떨어진다.

이 두 방식의 추리의 차이는 인지적 착각, 즉 우리의 직관적이고 자발적인 판단이 숙고된 반성적 판단과 상충하는 맥락에 의해 가장 분명하게 드러난다. 가장 광범위하게 연구되는 인지적 착각들 중 하나는 심리학자 피터 웨이슨(Peter Wason)이 1960년대에 개발해 지금은 웨이슨 선택 과제로 알려져 있는 과제와 연관된다. 당신에게 네 장의 카드(그림 1 참조)를 제시한 다음, 카드마다 한 면에는 숫자가 있고 다른 한 면에는 글자가 있다고 말한다. 그런 다음 카드들이 다음의 규칙을 따르는지 확인하라고 한다.

규칙: 카드의 한 면에 S가 있으면, 그 카드의 다른 면에는 3이 있다.

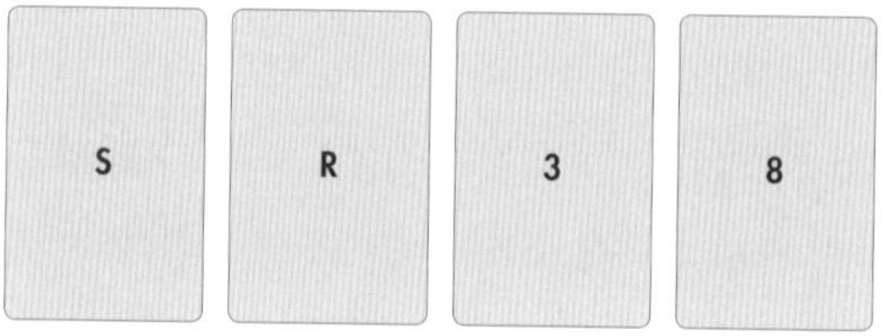

1. 웨이슨 선택 과제

질문: 카드마다 한 면에는 글자가 있고 다른 한 면에는 숫자가 있다고 할 때, 규칙에 들어맞는지를 보려면 어떤 카드(또는 카드들)를 반드시 뒤집어야 할까?

추측건대 당신은 직관적으로 첫째와 셋째 카드만 뒤집으면 된다고 생각하는 경향이 있을 것이다. 그 반응이 옳을까? 글쎄, 첫째 카드를 뒤집을 필요가 있는 것은 사실이다. 만일 거기에 3이 있지 않으면 규칙은 틀린 것이니까. 둘째 카드를 뒤집을 필요가 있을까? 없다. 다른 면의 숫자가 3이건 아니건 상관없기 때문이다. 하지만 셋째 카드도 뒤집을 필요가 없다. 이 카드의 다른 면에 S가 있건 없건 규칙은 옳을 수 있을 것이기 때문이다. (이 카드의 다른 면에 (말하자면) R가 없어도 상관없다. 규칙은 카드의 한 면에 S가 있으면 다른 면에는 3이 있다는 말밖에 하지 않기 때문이다.) 그러나 넷째 카드는 뒤집을 필요가 있다. 그 카드의 다른 면에 S가 있으면 규칙은 거짓이 되기 때문이다.

웨이슨 선택 과제는 직관적 생각과 반성적 생각에 간극이 있다는 증거다. 이 과제를 통해 문제를 생각하면 직관적 반응이 옳지 않음을 깨달을 수 있기 때문이다. 놀랍게도, 문제에 대한 직관적 반응을 지지하려는 유혹은 그에 관해 의식적으로 반성한 뒤에도 지속되는 것 같다. 뮐러-리어 착시(Müller-Lyer illusion, 길이가 같은 두 직선을 나란히 놓고, 하나는 양쪽 끝에 화살표를 안으로 향하게 그리고, 또 하나는 밖으로 향하게 그리면 두 직선의 길이가 다르게 보인다. 독일의 뮐러-리어가 이 도형을 창안하였다—옮긴이)의 선들이 길이가 다르지 않음을 알고 있을 때에도 달라 보이는 것과 마찬가지로, 바보가 아닌 사람도 첫째와 셋째 카드만 뒤집으면 된다는 생각의 유혹을 뿌리치지 못한다.

우리는 다른 많은 종과 자동적이고 직관적인 추리 능력을 공유하지만, 통제되는 반성적 추리는 인간에게서 두드러지는 특질인 것으로 보인다. 그런 만큼, 우리는 그 특질을 조형하고 조각하는 능력도 어느 정도—아마도 다소 제한적이겠지만—가지고 있다. 우리는 물러서서 자신이 어떻게 생각하는가를 고려할 뿐만 아니라 어떻게 생각해야 하는가도 고려할 수 있다. 우리는 우리의 진화 및 사회의 유산과 함께 물려받은 사고방식에 구속되는 것이 아니라—생각에 관해 생각함으로써—새롭고 더 나은 생각하기의 방법을 개발할 능력이 있다.

생각의 평가와 조정을 지배할지도 모르는 원리들은 어디에서 찾아야 할까? 여기서 많은 이론가들은 우리가 논리와 확률론의 형식 체계에 기대를 걸어야 한다는 의견을 제시해왔다. 하지만 논리와 확률론은 우리에게 어떻게 생각해야 하는가에 관한 약간의 지침을 제공할 뿐, 이 방면에서의 유용성은 놀랄 만큼 제한적이다. 첫째로, 논리와 확률론은 무엇을 생각해야 하는가가 아니라, 기껏해야 무엇을 생각하면 안 되는가를 알려줄 뿐이다. 이유는 다음과 같다. 당신이 모든 오리는 헤엄칠 수 있다고 믿으며, 또한 도널드는 오리라고 믿는다고 하자. 모든 오리는 헤엄치고 도널드는 오리라면 도널드는 헤엄칠 수 있다는 명제도 참이어야 하지만, 그게 당신은 도널드가 헤엄칠 수 있다고 믿어야 한다는 뜻일까? 반드시 그런 것은 아니다. 왜냐하면 누군가가 당신에게 도널드는 헤엄칠 수 없다는 타당한 증거를 제시했을지도 모르기 때문이다. 그러니 당신은 어떻게 해야 할까? 어쩌면 당신이 모든 오리는 헤엄친다는 믿음을 버려야 할지도 모른다. 아니면 도널드는 오리라는 믿음을 버려야 할지도 모른다. (도널드는 오리처럼 보일지도 모르지만, 오리처럼 보이는 모든 것이 오리인 것은 아니다.) 아니면 도널드는 헤엄칠 수 없다는 생각을 뒷받침하는 증거가 겉으로 보이는 만큼 타당한지를 의심해야 할지도 모른다. 논리 혼자서는 무엇을 해야 하는지를 가르쳐주지 않으며, 사례의 세부사항에 따라 이들 가운데 어떤 반응이든 적절할 수 있을 것이다. 논리가 당신에게 말해주는 것이라고는 '모든 오리는 헤엄칠 수 있다', '도널드는 오리다', '도널드는 헤엄칠 수 없다'가 모두 참일 수는 없다는 점뿐이다.

논리와 확률론의 둘째 한계는 둘 중 어느 한 분야도 우리가 생각하는 동안 받아야 하는 제약을 감안하지 않는다는 점이다. 생각하기는 언제나 특정한 맥락 안에 놓여 있고, 무엇을 좋은 생각하기로 여기느냐는 관련 맥락을 좌우하는 제약에 달려 있다. 환경의 특징에서 한 묶음의 제약이 나온다. 어떤 맥락에서는 세상 모든 시간을 가지고 문제를 차근차근 생각할 수 있고, 올바른 답을 얻을 필요성이 빠른 답을 얻는 것보다 더 중요하다. (건물의 기초가 얼마나 깊어야 하는가를 결정해야 하는 건축 기사를 생각해보라.) 다른 맥락에서는 시간이 절대적으로 중요해서, 재빨리 도착한 엇비슷한 진실이 완벽하게 옳지만 너무 늦게 도착해 쓸모가 없는 판결보다 나을지도 모른다. (엔진 문제의 원인을 알아내는 중인 조종사를 생각해보라.)

무엇을 좋은 생각하기로 여기느냐에 대한 또 한 묶음의 제약은 행위자 자신의 마음이 지닌 특징에서 나온다. 행위자는 저마다 인지 능력이 다르므로, 무엇을 좋은 생각하기로 여기느냐는 그 능력의 윤곽에 달려 있을 것이다. 예컨대 여섯 살짜리가 실행한다면 주목할 만한 생각도 성인이 할 때는 완전히 판에 박은 일상일지도 모른다. 이 고려사항을 명심할 필요성을 보여주는 좋은 일례는 모순된 믿음을 가져서는 안 된다는 흔한 주장과 관계가 있다. 모순된 주장이 둘 다 참일 수는 없는 한, 겉보기에 이 금지는 문제될 게 없어 보일 것이다. 하지만 이 명령에 따르려는 피조물은 자기 믿음의 창고를 샅샅이 뒤져서 두 주장이 과연 모순인지 점검할 어떤 방법이 있어야 하고, 우리 자신처럼 믿음 구조가 엄청나게 복잡하고 처리 능력에 한계가 있는 피조물에게 이는 엄청나게 벅찬 과제다.

그러므로 생각의 규범에 대해 설명할 경우에는 행위자가 처한 환경의 특징과 행위자 자신의 인지 능력 둘 다를 감안해야 한다. 논리와 확률론은 기껏해야 '무한한 합리성'—무한한 시간과 계산력을 가진 피조물에게나 이용 가능한 종류의 합리성—을 다룰 뿐이다. 하지만 우리는 시간적 압박을 받는 조건에서 한정된 계산력을 가지고 추리하라는 요구를 받는다. 데카르트가 '정신 지도의 규칙'이라 부른 한 묶음의 실행 가능한 규칙은 논리와 확률론에 의해 탐구된 형식적 구조에 의지해야 하지만, 유한한 피조물인 우리의 능력도 감안해야 한다. 다시 말해, 우리가 어떻게 생각해야 하는가에 대한 적절한 설명을 할 경우에는 우리가 어떻게 생각할 수 있는가에 대한 설명을 참조해야 한다.

제 2 장

기계적인 마음

다리에 걷기 위한 근육이 있듯이 뇌에는 생각하기 위한 근육이 있다.

—라메트리(La Mettrie), 『인간기계론L'Homme machine』

생각하는 존재가 되려면 무엇이 필요할까? 때때로 생각에는 모종의 비물리적 매체—영혼 또는 비물질적 마음—가 필요하다고 주장되어왔다. 이것이 생각에 대한 상식적 관점인지는 몰라도, 오늘날의 과학계나 철학계에는 지지자가 거의 없다. 오늘날의 이론가 대부분이 지지하는 물리주의적 생각의 설명에 따르면, 생각하기는 순수하게 물질적인 피조물이 지닐 수 있는 능력이다. 우리 자신이 순수하게 물리적인 피조물이건 아니건, 생각하는 존재로서 우리가 지닌 본성 안에 다른 방향을 가리키는 것은 전혀 없다.

물리주의를 지지하는 일반적 동기에는 세 가지가 있다. 첫째 동기는 뇌의 상태와 생각의 상태의 상관관계를 설명하는 물리주의의 능력과 관계가 있다. 일례로 카페인을 섭취해서 생기는 비교적 약한 변화건 뇌졸중 등 여러 형태의 뇌 손상에서 비롯되는 더 과격한 변화건, 우리는 뇌의 상태가 사고력과 긴밀하게 관련되어 있음을 알고 있다. 다음 장에서 보겠지만, 과학자들은 그런 상관관계를 이용해 뇌의 상태를 측정함으로써 개인의 생각을 탐지하는 능력을 얻기 시작하고 있다. 그런 상관관계에 대한 가장 간단한 설명이 바로 생각은 뇌의 상태와 동일하다는, 아니면 최소한 뇌의 상태에 의해 구현된다는 설명이다.

물리주의를 지지하는 둘째 동기는 생각의 인과적 역할을 설명하는 물리주의의 능력과 관계가 있다. 생각은 물리적 사건에 의해 유발되기도 하고, 반대로 물리적 사건의 원인으로 작용하기도 한다. 망막을 때리는 빛의 패턴에 이끌려 누군가가 방으로 걸어 들어왔다고 믿게 될지도 모르고, 이 믿음에 이끌려 인사로 손을 내밀게 될지도 모른다. 생각이 물리적 상태라는 개념은 생각의 인과적 역할을 수용할 수 있다는 희망을 내놓는 반면, 생각이 비물리적 매체 안에서 구현된다면 생각과 물리적 사건의 인과적 상호작용이 어떻게 가능할지가 덜 분명해진다.

물리주의를 지지하는 셋째 이유는, 물리주의는 자연의 연속성을 공정히 다룬다는 것이다. 우리가 알기로, 생각할 줄 아는 피조물은 그런 능력이 없는 순수하게 물리적인 피조물에서부터 진화했다. 이 과정에서 모종의 비물리적 매체가 출현했을 가능성을 배제할 수는 없지만, 무생물계의 구조 변화에 호소해 살아 있는 피조물의 진화를 설명할 수 있는 것과 마찬가지로, 순수하게 물리적인 계의 구조 변화에 호소해 생각하는 피조물의 진화를 설명할 수 있다고 가정하는 편이 분명 더 그럴듯하다.

이렇게 해서 우리에게는 생각에 대한 물리주의적 관점을 지지할 세 가지 타당한 이유가 있다. 어떤 이유도 그 자체로 결정적이지는 않지만, 종합하면 물리주의적 생각의 개념을 매우 진지하게 받아들일 충분한 사유가 되어준다.

계산주의 생각 이론

생각은 순수하게 물리적 현상임이 틀림없다는 관점을 지지할 이유가 있는 것과, 생각이 어떻게 순수하게 물리적 현상일 수 있는가에 대한 설명을 하는 것은 다른 문제다. 생각이 어떻게 순수하게 물리적인 계 안에서 구현될 수 있는가에 대한 설명은 많은 형태를 띠지만, 실은 하나밖에 없다. 이 설명은 다양한 간판—'재현주의 심리 이론' '마음의 컴퓨터 모형' '기호 체계 가설'—을 달고 영업을 하지만, 나는 그것을 **계산주의 생각 이론**(computational theory of thought, CTT)이라 일컬을 것이다.

CTT를 제시하려면 먼저 약간의 용어를 소개해야 한다. 형식적(또는 '통사적') 속성이라는 관념에서부터 시작하자. 형식적 속성은 기호가 그것의 형식 덕분에 가지는 속성이다. 순수하게 물리적인 계가 감지할 수 있는 속성이다. 가장 친숙한 형식적 속성의 하나가 형태 속성이다. 'monkey'라는 단어를 쓸 수 있는 다양한 방식을 생각해보라.

monkey **MONKEY** ***Monkey***

'monkey'라는 단어의 이 세 가지 개별자(token)는 중요한 여러 면에서 다르지만, 그럼에도 저마다 그 영어 기호의 알아볼 수 있는 일례다. 이들이 저마다 영어 단어 'monkey'의 예로 간주되는 것은 이 세 단어의 형태 덕분이다. 문어(文語)는 형태 속성을 이용하고, 구어(口語)는 음향 속성을 이용하고, 수화는 동작 속성을 이용하지만, 형식적 속성의 기능을 할 수 있는 물리적 속성의 종류는 원칙적으로 무한하다. 전하나 온도나 무게가 기호의 종류를 구분하는 형식적 속성의 기능을 하는 표상 체계도 가질 수 있을 것이다.

기호의 형식적 속성은 기호의 **의미적**(또는 내용적) 속성과 대비될 수 있다. 의미적 속성은 기호가 가리키거나 의미하는 것(대상, 속성, 관계)과 관계가 있다. (이야기하자면 실은 약간 더 복잡하다. 기호가 같은 대상을 가리킬 때라도 다른 의미적 속성을 가질 수 있도록 허용할 필요가 있기 때문이지만, 여기서 그 문제를 걱정할 필요는 없다.) '원숭이'와 '바나나'라는 기호는 각각 〈원숭이〉와 〈바나나〉라는 내용을 가지고 있다. 이 기호가 가리키는 대상이 그것이기 때문이다. 형식적 속성이 다른 두 기호가 같은 내용을 가질 수도 있음에 유의하라. 예컨대 영어 단어 'monkey'와 불어 단어 'singe'는 둘 다 원숭이를 가리키지만 형식적 속성은 같지 않다. 둘이 가진 '형태'가 다르기 때문이다.

용어에 대해서는 이쯤 해두기로 하고, CTT가 실제로 하는 말은 무엇일까? CTT는 두 가지 주장, 즉 **생각**의 본성에 관한 주장과 **생각하기**의 본성에 관한 주장으로 이루어져 있다고 생각할 수 있다. 간단히 말해서, CTT는 생각이 '사고언어'로 된 문장이라 여기며, 생각하기는 사고언어로 쓰인 문장이 형식의 지배를 받으며 한 문장에서 다른 문장으로 옮겨가는 과정을 필요로 한다고 주장한다. 이 두 개념을 자세히 풀어보자.

생각은 사고언어로 쓰인 문장이라는 말은 무슨 뜻일까? 마르셀이 원숭이를 가지고 있다는 생각을 고려해보라. '마르셀이 원숭이를 가지고 있다'라는 문장이 특정한 내용이 있는 언어 기호들—예컨대 마르셀을 가리키는 단어 '마르셀'과 원숭이를 가리키는 단어 '원숭이'—로 지어지는 것과 마찬가지로, 사고언어의 지지자들은 마르셀이 원숭이를 가지고 있다는 생각도 특정한 내용이 있는 기호들로 지어진다고 주장한다. 마르셀이 원숭이를 가지고 있다고 생각하기는 마르셀과 원숭이를 가리키는 심적 기호들의 개별자화를 필요로 하고, 이 기호들이 합쳐져 〈마르셀이 원숭이를 가지고 있다〉라는 내용을 가진 하나의 구조화된 표상을 형성하도록 관계 맺기를 필요로 한다.

'사고언어'라는 표현은 이 입장의 지지자들이 생각을 구성하는 구조는 언어를 구성하는 구조를 본떠서 모형화해야 한다는 발상에 헌신한다는 암시를 줄지도 모른다. 사고언어 가설의 가장 영향력 있는 지지자들 중 한 사람인 미국의 철학자 제리 포더(Jerry Fodor)는 실제로 생각을 구성하는 구조가 정말로 언어와 유사하다고 주장하지만, 그 관점에 헌신하지 않고도 CTT를 지지할 수 있을 것이다. 대신에 생각의 구조는 각별히 언어를 닮은 것이 아니라, 지도나 도표의 구조와 공통점이 더 많다고 생각할 수도 있을 것이다. 다시 말해, CTT의

지지자 본인이 생각의 '언어'에 대한 언급은 대폭 에누리해서 들어야 한다는 암시를 줄지도 모른다. CTT가 실제로 요구하는 것은 생각의 부분들이 생각의 의미에 독립적으로 기여할 수 있도록 생각에는 구성적 구조가 있어야 한다는 것이다.

방금 스케치한 발상들이 계산주의 생각 이론의 핵심을 구성하지만, 생각하기의 문제로 넘어가기 전에 언급해야 할 요소가 하나 더 있다. 앞 장에서 언급했듯이, 생각에는 내용뿐만 아니라 **태도**(또는 방식)도 있다. 애셔는 마르셀이 원숭이를 가지고 있다는 **믿음**을, 루카는 마르셀이 원숭이를 가지도록 하겠다는 **의도**를, 냇은 단순히 마르셀이 원숭이를 가지고 있으면 좋겠다는 **희망**을 가지고 있을지도 모른다. 그러므로 CTT는 특정한 기호 구조가 의도나 희망이 아니라 믿음이라는 게 무슨 말인지 설명할 필요가 있을 것이다. 이 문제에 대한 가장 인기 있는 해답들은 생각의 태도 성분을 생각이 하는 기능적 역할—생각이 다른 기호 구조들과 결합해 행위자의 행동을 안내하는 방식—의 문제라고 여긴다. 마르셀이 원숭이를 가지고 있다는 믿음과 연관되는 행동은 마르셀이 원숭이를 가지도록 하겠다는 의도나 단지 마르셀이 원숭이를 가지고 있으면 좋겠다는 희망과 연관되는 행동과는 종류가 다르므로, 마르셀의 생각이 (희망이나 의도가 아니라) 믿음이라는 말은 그가 다른 행동이 아니라 그런 행동을 하는 경향이 있다는 말이다.

이제 CTT가 제공하는 생각하기에 대한 설명으로 넘어가자. 생각하기는 사고언어로 쓰인 문장이 형식의 지배를 받아 한 문장에서 다른 문장으로 옮겨가는 과정을 필요로 한다는 말이 무슨 뜻일까? 내가 '모든 사람은 죽을 운명이다'라는 생각과 '프랭크는 사람이다'라는 생각을 한 뒤, 이 두 생각에 이끌려 '프랭크는 죽을 운명이다'라는 생각을 형성한다고 하자. CTT는 이 생각의 이행을 생각에 연관된 기호(또는 그보다는 기호들의 복합체)의 형식적 속성에 호소하여 설명한다. 만일 우리에게 이 속성을 감지하는 장치가 있다면, 그 장치는 이 생각들이 무엇을 뜻하는지(생각의 의미)에 관해서는 아무것도 모르면서 우리를 앞의 두 생각에서 셋째 생각으로 데려갈지도 모른다. 생각의 기계는 마치 우체국의 자동 주소 판독기처럼 작동한다는 발상이다. 판독기가 스미스 씨나 존스 여사에 관해서는 아무것도 모르면서 두 사람의 우편물이 두 사람에게 도착한다고 보장할 수 있는 이유는 그것이 '스미스'와 '존스'의 형식적(또는 통사적) 차이를 감지하기 때문이다. 철학자 존 호글랜드(John Haugeland)의 기억할 만한 말대로, '통사를 돌보면, 의미는 알아서 자신을 돌본다'.

본질적으로, 그것이 계산주의 생각 이론이다. 한마디로, 생각이란 기호 구조이며, 생각하기는 이 구조의 형식적 속성을 기초로 한 구조 조작을 필요로 한다는 발상이다. 물론 생각하기가 기호 조작처럼 느껴지는지는 분명치 않지만, CTT는 생각하기가 어떤 느낌인지에 관해서는 어떤 주장도 하지 않는다. (앞 장에서 언급했듯이, 생각하기에 느낌이 있다면 그것이 무엇과 같은가에 관한 합의는 없는 거나 마찬가지다.) CTT는 순수하게 물리적인 피조물이 어떻게 생각하는 존재가 될 수 있을까에 대한 설명에 가깝다.

중국어 방의 안쪽

CTT는 영향력 있는 관점이지만, 깎아내리는 사람이 없는 것은 아니다. 오히려 생각을 순수하게 기계적으로 설명할 수 있다는 발상에 대한 비판의 역사는 17세기 철학자 고트프리트 라이프니츠까지 거슬러올라간다. 그는 '지각력이 있거나 생각하는 존재는 시계나 맷돌처럼 기계적인 것이 아니다. 크기와 형태와 동작이 기계적으로 결합되어 생각하는 무언가를 낳는다는 것은 상상도 할 수 없다'라고 주장했다.

그런 면에서 라이프니츠의 지적 상속자인 철학자 존 설(John Searle)이 CTT에 제기한 '중국어 방' 반론이 큰 영향을 끼쳐왔다. 설의 요구에 따라, 당신이 있는 방으로 중국어 쪽지가 보내진다고 가정하자. (사고실험의 목적을 위해 설은 당신이 중국어를 모른다고, 따라서 그 쪽지는 당신에게 무의미하다고 가정한다. 중국어를 아는 독자라면 이야기를 적절히 수정해도 좋다.) 당신은 쪽지를 이해하지는 못하지만, 당신이 받는 쪽지를 일일이 알맞은 응답과 짝지어주는 거대한 '찾아보기' 표를 이용할 수 있다. 예컨대 당신이 '원숭이는 무얼 먹는가?'라는 질문을 중국어로 받는다면, 찾아보기 표가 당신에게 '바나나'에 해당하는 중국어 또는 뭔가 말이 되는 다른 대답을 내도록 지시할 것이다.

설은 중국어 방에 있는 누군가가 적절한 방식으로 기호를 조작할 수는 있겠지만, 생각하고 있지는 않을 거라고 주장한다. 설은 이것이 단순한 기호 조작은 생각이 되기에 충분하지 않음—진정한 생각에는 뭔가가 더 필요함—을 보여준다고 말한다. 하지만 CTT는 생각을 기호 조작과 동일시하므로 잘못된 게 틀림없다는 것이다. (그렇다면 생각하기에 무엇이 필요한가에 관한 설 자신의 설명은 다소 이해하기 어렵고, 우리가 그것 때문에 여기서 지체할 필요는 없다.)

설의 중국어 방 반론에 대한 그동안의 다양한 반응은 대략 두 진영으로 분류할 수 있다. 어떤 반응들은 중국어 방에 생각이 없으리라는 설의 가정을 문제삼는 반면, 다른 반응들은 중국어 방에서 생각하기가 일어날 수 있다는 주장에 헌신하지 않고도 CTT를 지지할 수 있도록, 비록 중국어 방에는 생각이 없을지라도 중국어 방 각본과 CTT로 대표되는 생각의 개념

사이에는 중요한 차이가 있음을 인정한다. 이 두 반응을 차례로 고려해보자.

중국어 방에서는 진정한 생각이 일어나지 않는다—있는 것은 기호 조작뿐이다—는 설의 가정을 지지할 근거가 있을까? 비판자는 우리가 각본의 잘못된 측면에 초점을 맞추기 때문에 중국어 방 각본에 생각이 없다는 직관이 일어난다고 주장할지 모른다. 우리는 자연스럽게, 중국어 방 안에 있는 사람의 입장에서 의미도 모르는 꼬부랑글자들을 조작하고 있는 자신을 상상한다. 하지만 설의 반대자는 이렇게 말한다. CTT는 자기가 조작하는 기호들의 의미를 이해하는 '호문쿨루스(작은 사람)'가 있다는 관념에 빠져 있는 게 아니다. CTT의 중심에 있는 관념은 기호가 순전히 형식적 속성을 기초로 조작된다는 것—그 설명의 전체적 **요점**은 조작을 위해 기호를 이해할 필요가 **없다**는 것—이다. (사고언어의 기호를 조작하려면 생각할 필요가 있다고 밝혀진다면, CTT는 차마 생각하기에 대한 설명을 제공했다고 주장할 수 없을 것이다.) 생각하는 존재의 적절한 유비는 중국어 방에 있는 사람이 아니라 중국어 방 **전체**이고, 지금까지 보았지만 그 시스템 전체가 생각할 수 있음을 부인할 이유는 없다. (그래서 이 반응을 흔히 '시스템 답변'이라 한다.)

시스템 답변은 중국어 방 안의 사람—또는 더 정확히 말해, 중국어 방 전체—이 튜링 테스트로 알려진 것을 통과할 수 있을지 없을지를 고려하여 동기를 키울 수 있다. 튜링 테스트를 제안한 앨런 튜링(Alan Turing)은 그 테스트를 생각을 소유할 충분조건으로 여겨야 한다고 했다. (필요조건으로도 여겨야 한다고는 하지 않았다.) 튜링 테스트는 본질적으로 다음과 같이 진행된다. 두 개의 방이 있다고 하자. 한 방에는 평범한 인간이 있고, 다른 한 방에는 '표적'—생각하는 존재로서의 지위를 지니는가가 아직 밝혀지지 않은 존재자—이 있다. 두 방 모두 심문자와 통신 채널로 연결되어 있고, 심문자는 어느 방에 인간이 들어 있고 어느 방에 표적이 들어 있는지를 확인하는 임무를 띠고 있다. 심문자는 두 개체에게 어떤 종류의 질문을 해도 되고, 만일 질문을 이어간 뒤에도 심문자가 어느 방에 표적이 있는지를 판정할 수 없다면, 그 표적은 튜링 테스트를 통과했다고 말할 수 있다.

중국어 방에 있는 누군가가 튜링 테스트를 통과할 수 있을까? 아마 그럴 수 없을 것이다. 최소한, 심문자의 질문에 '실시간 조건'으로 답을 해야 시험에 통과할 수 있다면 말이다. 첫째로, 찾아보기 표를 이용해 전형적인 대화를 수행하는 데 부과되는 계산적 요구가 엄청나므로, 평범한 인간과 보조를 맞출 수 있는 중국어 방 각본을 설계하는 게 불가능할지도 모른다. 하지만 실시간 반응의 요구를 포기한다면, 중국어 방 안의 누군가가 튜링 테스트를 통과할 수 있으리라는 것을 부인할 이유가 없는 듯하다. 어쨌거나, 찾아보기 표가 바로 그것을 보장하도록 설계되었으니까.

하지만 튜링 테스트를 통과하면 어떤 존재자는 생각하는 존재라는 주장의 타당성이 검증된다고 여겨야 할까? 나는 그렇지 않다고 생각한다. 실은, 많은 이론가가 튜링 테스트는 너무 약하며, 진정한 생각을 위해서는 다른 뭔가가 필요하다고 주장해왔다. 중국어 방의 구조와 CTT가 제공하는 생각의 설명 사이의 중요한 차이를 고려하여 그 다른 뭔가가 무엇일지 설명할 수 있다.

중국어 방 각본의 중심 특징은 찾아보기 표에 호소한다는 것이다. 이 사실 때문에, 그 시스템이 현재와 같은 출력물을 만들어내는 과정에는 실질적인 구조가 전혀 없다. 중국어 방에 있는 사람(맥스라 하자)에게 (중국어로 쓰인) 다음 두 질문, 즉 '짐을 나르는 짐승으로 흔히 쓰이는 동물은?'과 '아프리카 야생당나귀의 후손인 동물은?'을 제시한다고 하자. 맥스는 찾아보기 표를 참조해 두 질문 모두에 답할 테고, 두 경우 모두 '당나귀'에 해당하는 중국어 단어로 안내됨을 알게 될 것이다. 그러나 이 과정은 이 두 문장에 한 개념—〈당나귀〉라는 개념—이 공통으로 들어 있다는 사실을 감안하지 못한다. 하지만 생각의 요구 조건 중 하나가 바로 생각의 주체가 생각을 구성하는 개념들 각각이 그 생각에 어떻게 기여하는지를 개별적으로 파악하는 것이다. '당나귀가 짐을 나르는 짐승으로 쓰인다'라는 생각과 '당나귀가 아프리카야생당나귀의 후손이다'라는 생각을 진정으로 파악하는 존재라면, 두 생각에 공통의 소재—당나귀—가 들어 있음을 알아보아야 한다.

하지만 중국어 방 안에는 이 사실에 대한 인식이—아니, 실은 그와 같은 어떤 사실에 대한 인식도—존재하지 않는다. 맥스도, 그가 심어진 시스템도, 위에 언급한 두 생각이 모두 다 당나귀에 관한 것임을—암묵적으로라도—표현할 필요가 없다. 다시 말해, 찾아보기 표는 전적으로 비구성적 노선을 따라 작동한다. 반면에, 진정한 생각은 구성적이다. CTT가 이 사실을 수용하는 이유는 사고언어로 쓰인 다양한 '문장들'에는 공통의 요소들이 들어 있을 것이기 때문이다. 진정한 의미의 생각하는 존재가 '원숭이는 외바퀴 자전거를 타는 일이 드물다'처럼 이전에 마주친 적 없는 문장을 이해할 수 있는 것도 이 사실 덕분이다. 반면에, 찾아보기 표에 의존해 자신의 행동을 생성하는 피조물은 표에 담겨 있는 정보에 구속될 테고, 그래서 생소한 입력은 이해하지 못할 것이다.

물론, 우리가 중국어 방 각본을 개조해서 맥스의 반응이 '원숭이는 바나나를 좋아한다'와 '원숭이는 나무에서 산다'에 공통 성분, 즉 〈원숭이〉라는 개념이 들어 있다는 사실을 참조하도록 할 수도 있을 것이다. 하지만 개조를 한 이상, 더이상은 과연 중국어 방에 진정한 생각과 이해가 없는지 그다지 분명하지 않다. (이번에도 맥스가 기호의 의미를 이해한다고 가정할 필요가 없다. 다시 말해, 이해는 전체로서의 시스템 안에만 존재할지 모른다.) 우리가 생각은 '모든 상황에서 사용할 수 있는 보편적 도구'라는 사실을 포착하는 쪽으로 접근하는 성향들을 중국어 방 안에 짜넣은 셈이니까.

생각의 내용 정립

CTT가 맞닥뜨리는 또하나의 중요한 난제는 사고언어를 구성하는 기호들이 어떻게 내용을 얻는가를 설명하는 일과 관계가 있다. 무엇 덕분에 생각의 의미가 정립될까? 무엇이 〈원숭이〉를 위한 마음의 기호가 (말하자면) 원자도 원피스도 원두커피도 아닌 원숭이를 가리키도록 하는 걸까?

한 가지 제안은 자연언어의 특징에 호소한다. 개인의 생각을 전달하는 것이 단순히 모국어라고 가정하자. 그래서 폴란드어가 우연히 당신의 모국어라면, 폴란드어는 당신의 생각을 전달하는 구실도 할 것이다. 이러한 형태의 CTT에 따르면, 사고언어에서 쓰이는 기호도 자연언어의 기호—일정한 소리, 종이 위의 표시, 동작—와 흡사한 방식으로 내용을 얻을 것이다. 그렇다면 자연언어의 기호는 어떻게 내용을 얻을까? 관습에 의해서다. 예컨대 '원숭이'는 원숭이를 가리킨다는 관습을 이용한다. 물론 '원숭이'가 하듯이 특정한 뇌 상태가 원숭이를 가리킨다는 관습은 없다. 요지는 생각이 속말(또는 속으로 쓰기나 속으로 수화하기)의 형태를 띠며, 생각의 기제는 특정한 구어(문어, 수화)를 지배하는 관습을 가져다 쓸 수 있다는 것이다.

하지만 내용 정립의 문제에 대한 이 해답은 지지자가 비교적 드물다. 많은 이론가가 어떤 **종류**의 생각은 자연언어의 내면화를 필요로 한다는 것을 인정하지만, 대개 사고언어를 구성하는 기호들이—최소한 대부분의 경우—자연언어에서 유래하지는 않는다고 여긴다. 이 관점에 따르면, 우리는 중국어나 포르투갈어로 생각하는 것이 아니라 '마음어(Mentalese)'로 생각한다. 이 관점을 지지하는 주요 동기에는 두 가지가 있다. 제4장에서 보겠지만 첫째, 언어가 없는 피조물들도 일정한 종류의 생각을 할 수 있다는 증거가 있다. 그렇다면 사고언어를 자연언어와 동일시할 수 없다. 사고언어가 자연언어일 수 없다는 관점을 지지하는 둘째 근거는 자연언어를 지배하는 관습을 배우려면 일정한 종류의 생각하기가 필요하다는 것이다. 이 두 가지 논법 모두 논란의 여지가 없지 않지만, 둘이 함께 많은 이론가에게 납득시켜온 것은 설령 인간 특유의 생각은 자연언어로 부호화되어 있을지라도, 자연언어와 무관한 더 원시적인 '사고언어'도 있음이 틀림없다는 것이다. 그리고 그 주장이 옳다면, 사고언어의 기호는 자연언어의 기호가 하듯이 관습을 통해 내용을 얻지 못한다. 하지만 마음의 내용이 관습에 기초하지 않는다면, 도대체 무엇에 기초할까?

마음의 내용은 어떤 것에도 의존하지 않는다는, 마음의 기호가 지니는 의미는 그것의 원시적 또는 원초적 속성 중 하나라는 의견에 쏠리는 사람도 있을지 모른다. 이 제안은 내용 정립의 문제를 해결(어쩌면 '해체')할지도 모르지만, 불행히도 그것을 추천할 다른 근거는 거의 없다. 단어 '원숭이'가 원숭이와 자연스럽게 연관되지 않기로는 '원숭이'가 다른 어떤 유형의 대상과도 자연스럽게 연관되지 않는 것과 마찬가지인 것과 똑같이, 사고언어에서 원숭이를 가리키는 기호의 구실을 하는 뇌 상태가 어째서 다른 어떤 유형의 대상도 아닌 원숭이와 연관되어야 하는지도 이해하기 어렵다. 마음의 기호가 도대체 어떻게 내용을 얻는가에 대한 유일하게 그럴듯한 설명은 우리더러, 그러지 말고 뇌 상태의 관계적 특징에 호소하라 한다. 하지만 어떤 종류의 관계적 특징들이 생각의 내용을 정립할 수 있을까?

역사상 많은 이론가가 내놓았던 의견은, 마음의 기호가 내용을 얻는 방식을 설명하는 데서 유사성이 한몫을 할지 모른다는 것이다. 이 발상은 본질적으로, 마음이 세계를 표상하는 방식에 대해 영국의 경험주의자들(존 로크John Locke나 데이비드 흄 등)이 내놓은 설명이었다. 사고언어의 기호—경험주의자들이 쓰는 용어로 '관념(idea)'—가 지금처럼 아무개를 의미하는 이유는 그 기호가 아무개를 닮았기 때문이다. 한마디로, 원숭이의 관념이 원숭이를 가리키는 이유는 그 관념이 원숭이를 닮았기 때문이다.

그러나 이 설명에는 심각한 문제가 있다. 첫째로, 유사성은 어디에나 있으므로 어떤 뇌 상태든 다수의 대상과 유사하다. 나의 뇌 상태의 일부는 당신의 뇌 상태의 일부와 유사하겠지만, 분명 그렇다고 해서 나의 뇌 상태가 당신의 뇌 상태를 대변하는 것은 아니다. 이 설명의 지지자가 타당성을 얻으려면 마음의 내용을 보증하는 종류의 유사성 관계를 확인해야 하는데, 이렇게 하기는 매우 어렵다는 게 입증되어왔다. 둘째 문제는 우리가 뇌의 상태와 어떤 면에서도 유사하지 않은 온갖 종류의 것에 관해 생각할 수 있다는 점이다. 〈아름다움〉〈진실〉〈정의〉를 가리키는 마음의 기호가 어떤 의미에서 아름다움, 진실, 정의라는 속성과 유사할 수 있겠는가? 셋째로, 그리고 아마도 가장 근본적으로, 어째서 단순한 유사성이 마음의 기호가 현재의 의미를 가지는 이유를 설명하는지가 전혀 분명치 않다. 설사 어떤 뇌 상태가 어쩌다 세계의 어떤 특징과

(모종의 관련된 의미에서) 유사하다 해도, 이 사실이 곧 그 뇌 상태가 세계의 그 특징을 표상한다는 의미를 함축해야 하는 이유는 철저히 신비에 싸여 있다.

내용 정립의 문제에 대해 다소 더 가망성 있는 해답은 인과관계에 호소한다. 거칠게 말해서, 마음의 기호는 그것을 작동시키는 대상이나 속성을 의미한다(또는 가리킨다)는 발상이다. 어떤 기호가 원숭이 탐지 장치의 구실을 한다면, 그것이 원숭이를 의미한다. 쉽게 말해서, 특정한 기호가 원숭이에 의해 '켜지도록 설정'되어 있다면, 그것이 〈원숭이〉를 의미한다.

이 설명은 유사성 설명보다는 다소 더 그럴듯하지만, 문제가 없는 것은 아니다. 그 가운데 일부는 유사성 설명과 공유하는 문제다. 예컨대 어떻게 우리가 아름다움, 진실, 정의와 같은 추상적 속성에 관해 생각할 수 있는가를 설명하기에는 힘이 모자란다. 인과적 설명의 지지자는 우리가 이 속성들을 데리고 어떻게 인과관계로 진입할 수 있는지 설명할 필요가 있을 테지만, 그러한 설명이 주어질 수는 있는지조차 분명한 것과는 거리가 멀다. 제우스나 셜록 홈스처럼 존재하지 않는 대상에 관한 생각도 비슷한 난제를 제기한다. 존재하지 않는 대상은 인과관계에 관여하지 않기 때문이다. (실은, 내일의 신문처럼 존재하게 될—하지만 아직은 존재하지 않는—대상에 관한 생각도 이 문제의 한 형태를 제기한다.) 인과 이론가는 우리가 인과적으로 상호작용해본 적 없는 대상에 관해 생각하는 능력을, 우리가 상호작용해온 대상에 관한 더 원시적인 생각의 수준에서 정립할 필요가 있을 것이다. 모종의 그러한 설명은 쓸 만할지도 모르지만, 그 이야기가 정확히 어떻게 갈지는 아직 분명치 않다.

인과적 설명은 우리가 상호작용해온 대상에 관해서도 문제에 부닥친다. 한 가지 문제는 **틀린 표상**의 가능성에 의해 발생한다. 우리는 (말하자면) 곰을 원숭이로 오해할 가능성을 감안해야 한다. 하지만 그래야 한다면, 내용의 인과 이론은 원숭이 기호가 〈원숭이〉가 아니라 〈원숭이 또는 원숭이를 닮은 곰〉과 같은 무언가를 의미하는 결과를 수반할 위험에 처한다. 왜냐하면 문제의 기호가 원숭이와 원숭이처럼 보이는 곰 둘 다에 의해 '켜지도록 설정'되어 있는 셈이기 때문이다. (고려 중인 제안에 따르면 기호의 의미란 단지 무엇이건 기호를 작동시키는 것임을 상기하라. 그리고 이 기호는 원숭이와 원숭이처럼 보이는 곰 둘 다에 의해 작동될 것이다.) 하지만 그것은 우리가 원하는 결과가 아니다. 우리는 그 대신에 '교묘하게 가장한 곰을 원숭이로 **오해하다**'라고 말할 수 있기를 원한다. 이는 **선언**(選言, disjunction) **문제**로 알려져 있다. 문제는 인과 이론에 따르면 〈원숭이〉 기호가 〈원숭이 또는 X〉를 의미하게 된다는 것이기 때문이다. 여기서 X는 어김없이 원숭이로 오해되는 모든 것을 가리킨다. 선언 문제에 대해 지금까지 제시된 다양한 해답을 살펴보는 일은 이 장의 소관을 넘어선다. 아니, 실은 내용의 인과적 설명이 부닥치는 다른 문제들에 대한 어떤 해답이라도 마찬가지다. 대신에 나는 이 흥미진진한 쟁점들을 당신 스스로 탐구하도록 남겨두어야 한다. 사고언어의 기호가 어떻게 의미를 얻는가에 대해 그럴듯한 설명을 제공하는 일은 여전히 난제라 말하는 것으로 충분하다.

이 장에서 나의 목표는 계산주의 생각 이론을 소개하고, 그것이 맞닥뜨리는 주된 난제 두 가지를—간단하게나마—살펴보는 것이었다. 그러나 그 대안이 무엇일지에 관해서는 별로 말하지 않았다. 순전히 물리적인 계에서 생각을 구현할 수 있는 다른 방법은 없느냐를 묻는 것으로 이 장을 마무리하자.

계산주의 설명이 생각이 어떻게 물리계 안에서 구현되는가에 대한 우세한 설명에 해당하기는 하지만, 몇몇 영향력 있는 목소리들은 과연 생각의 구조를 뒷받침하는 신경 작동 과정이 생각의 구조 자체를 반영하는 게 틀림없느냐는 의문을 제기해왔다. 어떤 이들은, 어쩌면 생각의 체계성은 근본적으로 구조화되지 않은 신경 작동 과정에서 창발할지도 모른다는 의견을 제시해왔다. 철학자 루트비히 비트겐슈타인(Ludwig Wittgenstein)은 다음의 질문으로 이 제안의 정신을 포착했다. '왜 그 체계가 중추 방향으로 더 계속되어야 할까? 왜, 말하자

면, 이러한 질서가 혼돈으로부터 나와서는 안 되는가?'

비트겐슈타인이 한 말의 정신이 담긴 뭔가가 생각에 대한 오늘날의 설명들 중에서도 동적 시스템 이론이나 일정한 유형의 연결주의 망에 호소하는 설명들에 생기를 불어넣는다. 그러한 관점들은 비물리적 생각의 매체가 아무 역할도 하지 않는다는 면에서는 물리주의적이지만, 생각을 담당하는 신경 과정과 이 과정에서 생기는 생각의 구조 사이에 모종의 동형성(同形性)이 있음이 틀림없다는 가정을 거부하는 한, CTT와는 거리가 있다. 비트겐슈타인의 용어로, 이 관점들은 생각의 질서가 '신경적 혼돈'에서 나온다고 상상한다. 지지하는 이론가가 얼마 안 되기는 하지만, 이러한 관점들이 계산주의 생각 이론에 대한 중요한 도전을 대표하는 것은 분명하고, 그것이 여기서 초점을 맞췄던 생각의 개념에 쓸 만한 대안을 제공하느냐는 질문을 둘러싼 혼란은 아직 가라앉지 않았다.

제 3 장

내면의 성소

오래된 바이올린 곡의 선율처럼,
생각은 말을 건다.
내 마음, 그 덧문이 내려진 방 안의 나에게.
—시그프리드 서순(Siegfried Sassoon), 「옛 음악Old Music」,
『운 맞춘 되새김질Rhymed Ruminations』에서

그리스 신화에서 (조롱과 비난의 신) 모모스는 인간의 마음 상태를 쉽게 식별할 수 없어서 불만을 토로했다고 한다. 모모스는 인간의 가슴에 창문을 달아서 인간의 마음 상태를 더 쉽게 확인할 수 있도록 해야 한다고 건의했다. 사람의 생각이 마음의 비밀 은거지에 숨겨져 있으리라는 관념은 낯설지 않다.

타인의 심적 생활에 관한 불확실성은 아마도 인간 이외의 동물이나 자신의 문화와 철저히 다른 문화 출신의 누군가를 마주쳤을 때 가장 흔히 촉발되겠지만, 가장 친밀한 사람과 교류할 때에도 유발될 수 있다. 이른 아침에 잠이 깨는 순간, 옆에 누운 사람의 마음에 무엇이 스치고 있는지부터 궁금할지도 모른다.

그렇다면, 생각하기란 개인적 활동인 듯하다. 생각은 개인전용 극장—실내에 단 한 명의 관객밖에 들이지 않는 극장—의 배우들인 듯하다. 다른 어느 누구도 당신의 생각에 대해 당신이 누리는 종류의 즉각적이고 직접적인 접근 권한을 가지고 있지 않거나, 가지지 **못할** 것이다. 물론 당신은 마음만 먹으면 다른 누군가에게 당신의 생각을 전할 수도 있지만, 말하는 동안 '생각을 혼자만 간직'할 수도 있다. (실제로 언제나 그런 것은 아니라도) 원리적으로 '누구나 볼 수 있도록 공개되어 있는' 몸의 동작과 달리, 마음의 내용은 한정된 자각에 의해 묘사되는 개인적인 것이다.

이 생각의 개념을 흔히 데카르트식이라고 기술한다. 그것이 지닌 영향력의 많은 부분이 르네 데카르트의 저작에서 비롯되기 때문이다. 이 장에서는 데카르트식 그림의 인식론적 요소—생각에 대한 우리의 접근 권한에 대한 설명—에 초점을 맞출 것이다. 여기서 살펴볼 명제는 두 가지다. 첫째 명제는 1인칭 생각은 **투명하다**는, 자신의 생각에는 직접 또는 즉시 접근할 수 있다는 명제다. 둘째 명제는 3인칭 생각은 **불투명하다**는, 타인의 생각은 직접 또는 즉시 접근할 수 있는 것이 아니라 간접적으로만 손에 넣을 수 있다는 명제다. 앞으로 보겠지만 데카르트식 관점은 실제로, 우리가 타인의 생각에 대해 모종의 접근 권한을 가질 수 있다는 가정을 잠식할 위험이 있다.

데카르트식 설명은 두 가지 구성 요소 모두가 거의 지난 한 세기 동안 강력한 비판의 대상이 되어왔다. 어떤 이론가들은 우리 자신의 생각이 우리에게 투명하다는 명제를 거부하고, 다른 이론가들은 타인의 생각이 우리에게 불투명하다는 것을 부인하는가 하면, 또다른 이론가들은 이 명제 둘 다를 거부한다. 이 장에서는 데카르트식 그림에 대한 가장 영향력 있는 비판들 중 일부를 소개한 다음, 비판을 감안하고 나면 그림 중에서 무엇이 남을지 따져볼 것이다.

자신의 마음

자신의 생각이 투명하다면 어떤 의미에서일까? 우리 생각의 본성이 우리에게 투명하다고 생각할 근거는 거의 없다. 어떤 사람들은 생각을 뇌의 상태라 여기고, 다른 사람들은 생각을 뇌의 상태가 구현하는 기능적 상태라 여기고, 또다른 사람들은 생각을 물질이 아닌 영혼의 상태라 여긴다. 이 가운데 어느 제안이 타당한지 판결하려면 과학적 연구와 철학적 분석이 필요하고, 내적 성찰은 생각의 궁극적 본성에 대해 거의 아무런 통찰도 제공하지 않는 게 분명하다.

우리 생각의 **시초**가 우리에게 늘 투명한 것은 아니라는 점도 분명하다. 우리는 흔히 우리 생각의 원인이 무엇인지, 또는 어째서 우리가 다른 생각이 아닌 한 생각에 끌리는지에 관해 거의 모른다. 다음 질문을 생각해보라. '캐나다와 브라질 중에 어느 나라가 더 큰가?' 당신은 다른 하나가 아닌 어느 하나의 답을 내놓는 쪽으로 강하게 쏠리겠지만, 이 성향의 바탕이 되는 요인들은 모를 가능성이 높다. 생각의 출처에 관한 믿음이 있을 때라도 그러한 믿음이 특별한 종류의 권위를 누린다고 생각할 근거는 전혀 없다. 우리 생각의 발생을 설명하는 데에는 흔히 우리 자신보다 타인들이 더 나은 위치에 있다.

하지만 이 모든 것에도 불구하고, 투명성 명제에 **뭔가**가 있다는 생각은 떨치기 힘들다. 숫자 맞히기 놀이를 하고 있는 멕과 너대니얼, 두 사람을 생각해보라. 멕이 1과 20 사이의 한 숫자를 생각하고, 너대니얼은 그 숫자가 뭔지 알아맞히려 한다. 너대니얼은 멕이 14를 생각하고 있다고 추측하지만, 멕은 그가 제대로 찍었음을 부인한다고 하자. 너대니얼은 멕의 부인을 액면 그대로 받아들일 필요가 없지만—예컨대 멕이 악의 없는 거짓말을 하고 있다고 의심해도 되지만—멕이 자신이 생각하고 있는 숫자를 오해하고 있다는 혐의를 제기하는 것은 매우 기묘할 것이다. 만일 멕이 자기는 14를 생각하고 있었다고 여긴다면, 그녀는 정말로 14를 생각하고 있었던 게 틀림없—다고 우리는 가정한—다.

이 점은 의식의 흐름 안에서 일어나는 모든 생각으로 일반화된다. 이런 항목들을 확인하는 문제에 관해서라면 아무 일도 할 필요가 없는 듯하다. 의식되는 생각들은 즉시 주어지는 듯하다. (말하자면) 내가 점심으로 뭘 먹을까 궁리하고 있거나, 비행이 지연될까 그렇지 않을까 궁금해하고 있거나, 열쇠를 차 안에 두고 문을 잠갔음을 깨닫고 있다는 것은 그냥 안다. 자기 생각을 오해할 수도 있다—생각이 '겉보기'와는 다를지 모른다—는 의견은 진지하게 받아들이기 힘들다. 데카르트주의자들이 1인칭 생각의 투명성에 헌신하는 게 어느 정도 타당성이 있는 것은 이런 의미에서—그리고 어쩌면 이런 의미에서만—이다. (이런 종류의 투명성이 자신의 생각에만 국한될까, 아니면 '뇌를 읽는' 기술을 갖춘 누군가는 다른 누군가의 생각에 이런 식으로 접근할 수 있을까? 아래에서 이 문제를 따져볼 것이다.)

방금 확인한 투명성의 범위는 의식되는 생각—의식의 흐

름 안에서 일어나는 생각—에 국한됨을 깨닫는 것이 중요하다. 우리가 세우고 있는 명제적 태도—우리의 성향적 믿음, 욕구, 의도—의 정체성에는 직접 그 즉시 접근할 수 없는 게 분명하다. 로널드 레이건의 첫 아내가 누구였느냐는 질문을 받는다고 하자. 대부분의 통상적 맥락에서는 이 질문에 답할 수 있다는 의미에서는 이에 대한 답을 알지도 모르지만 피곤하거나, 최근에 충격을 받았거나, 술에 취했다면 답을 떠올릴 수 없을지도 모른다.

그뿐 아니라, 우리는 심지어 자신이 세우고 있는 명제적 태도의 정체성에 관해 **틀릴** 수도 있다. 자기기만의 기제들 때문에 눈이 멀어 자신의 믿음, 욕구, 의도의 본성을 볼 수 없을지도 모른다. 겉으로는 인종주의를 배척하는—진정으로 자신은 인종주의적 태도에서 자유롭다고 여기는—사람의 행동을 면밀히 살피면, 그 안에서 그가 인종주의적 태도를 가지고 있다고 가정함으로써 가장 잘 설명되는 패턴들이 드러날지도 모른다. 실제로, 사회심리학의 중요한 한 분과는 그러한 '암묵적' 태도가 어느 정도나 우리의 일상적 상호작용을 지배하는가를 조사하는 일과 관계가 있다. 하지만 이러한 태도들은 의식되지 않기 때문에 우리는 그것에 투명하게 접근하지 못하므로, 데카르트주의자에게는—아니, 그 문제에 관해서라면 다른 누구라도—그 태도들을 자신에게 귀속시키는 우리의 능력이 믿을 만하다고 생각할 근거가 없다.

타인의 마음

방금 제시한 1인칭 투명성의 형태는 수호되어온 그 명제의 수많은 변형에 비하면 온건한 편이지만, 그래도 1인칭 진술과 3인칭 진술을 뚜렷이 대비시킬 만큼은 강력하다. 장을 시작하면서 언급했듯이, 우리는 흔히 다른 누군가의 마음에 의식되는 생각이 스치고 있다 해도 그게 도대체 무엇일지는 정말 모른다. 데카르트식으로 이해한 생각이 내면의 무대 위 배우들이라면, 난제는 사실 우리가 타인의 생각을 추적할 때 저지르는 실수를 설명하는 게 아니라, 어째서 우리가 타인의 생각을 추적하는 데 그토록 뛰어난가를 설명하는 것이다. 그러니까, 어떻게 우리가 타인이 무슨 생각을 하고 있는지를 알아맞히는 것일까?

심리학자들은 아직도 이 질문에 대한 답을 알아내는 중이다. 세부사항을 모두 아는 것은 아니지만, 우리가 다양한 단서를 사용해서 타인의 마음 상태를 '읽는' 것은 분명하다. 어떤 종류의 마음 상태—특히 감정 상태—는 행동에서 지각할 수 있다. 우리는 어떤 사람의 얼굴과 그가 움직이는 방식에 쓰인 기쁨을 볼 수 있고, 그의 목소리에 실린 두려움과 불신을 들을 수 있다. 다른 종류의 마음 상태는 특정한 행동 패턴과 덜 밀접하게 묶여 있지만, 그래도 행동 단서를 기초로 어느 정도 믿을 만하게 확인할 수 있다. 많은 맥락에서 사람들은 지각적 주의의 초점이 되는 대상에 관해 생각하므로, 흔히 누군가가 (예컨대) 보고 있거나 듣고 있는 것이 무엇인지를 확인하면 그가 무엇을 생각하고 있는지도 알아맞힐 수 있다. 하지만 우리 자신처럼 언어를 쓰는 피조물의 경우, 타인의 마음 상태에 관한 가장 중요한 단서를 제공하는 것은 그가 하는 말—또는 경우에 따라 그가 **하지 않는** 말—이다. 속았거나 뜻이 잘못 전달되었을 가능성을 감안하더라도, 누군가가 부엌에 불이 났다고 말하면 부엌에 불이 났다고 믿는 쪽에 거는 게 합리적이다.

생각은 내면의 무대 위 배우들이라는 데카르트식 개념을 소개하면서, 나는 이 관점이 우리가 타인의 생각에 대해 모종의 접근 권한을 가질 수 있다는 가정을 잠식할 위험이 있다는 의견을 내비쳤다. 그 위협은 정확히 어떻게 일어날까? 어쨌거나, 우리가 자신의 생각에 대해 가지는 접근 권한의 종류와 타인의 생각에 대해 가지는 접근 권한의 종류에는 비대칭성이 있다는 말과, 우리에게는 타인의 생각에 대해 어떤 종류의 믿을 만한 접근 권한도 없다는 의견은 전혀 다르다. 도대체 왜 데카르트식 생각의 개념이 우리는 타인의 마음에 **결코** 접근할 수 없다는 과격한 회의적 걱정을 낳는 것일까?

루트비히 비트겐슈타인이 그의 『철학적 탐구Philosophische Untersuchungen』에서 전개한 다음과 같은 사고실험을 생각해보라. 실험이 가정하는 사회에서는 모든 사람이 딱정벌레 한 마리를 담아두는 상자를 하나씩 가지고 있다. 각자가 자신의 딱정벌레를 살펴볼 수 있지만, 아무도 다른 사람의 딱정벌레에는 접근할 수 없다. 접근할 수 있는 것이라고는 딱정벌레가 담겨 있는 상자뿐이다. 비트겐슈타인은 각자의 상자에 담긴 딱정벌레들이 동일할지도 모르지만, 그 관점을 뒷받침할 증거는 없을 것임을 지적한다. 어쨌거나 당신은 내 상자에 든 딱정벌레를 본 적이 없고, 나도 당신의 상자에 든 딱정벌레를 본 적이 없으니까. 딱정벌레를 담아두는 상자들이 동일하다는 것은 알지도 모르지만, 딱정벌레들 자체가 동일하다고 생각할 이유는 없을—없는 듯할—것이다.

이것이 타인의 생각에 대한 접근 권한과 무슨 상관이 있을까? 자, 당신이 '부엌에 불이 났다'라고 말한다 하자. 나는 당신의 발언이 내가 '부엌에 불이 났다'라는 말로 표현할 것과 같은 생각을 표현한다고 여길지도 모르지만, 데카르트주의자가 이 가정을 정당화할 수 있는지는 분명치 않다. 데카르트식 설명에 따르면 생각의 정체성과 생각의 행동적 표현 사이에는 '내재적' 또는 '본질적' 연관성이 없기 때문이다. 같은 종류의 상자가 다른 종류의 딱정벌레를 담을 수 있고 같은 종류의 딱정벌레가 다른 종류의 상자에 담길 수 있듯이, 데카르트주의자는 같은 형태의 행동이 다른 종류의 생각에서 비롯될 수 있고 같은 종류의 생각이 다른 형태의 행동을 낳을 수 있음을 인정해야 한다. 하지만 그렇다면, 누군가의 행동을 기초로 어떤 마음 상태를 그에게 귀속시킬 때 우리는 어떻게—우리가 분명 그렇듯!—정당화될 수 있을까? 이것이 바로 악명 높은 '다른 마음의 문제'의 핵심이다.

상자에 든 딱정벌레의 유비를 제시할 때 비트겐슈타인의 목표는 다른 마음의 문제가 정말로 있음을 논증하는 것이 아니라, 데카르트식 관점이 생각을 서로에게 귀속시키는 우리의 능력을 잠식한다는 것을 보여줌으로써 데카르트식 관점의 파산을 입증하는 것이었다. 우리가 분명 어느 정도 믿을 만하게 서로의 마음 상태를 확인**할 수 있는** 한, 그러한 능력을 얻을 수 없다는 의미를 함축하는 설명은 그 자체로 생각의 본성에 대한 설명으로서 잘못된 것이 틀림없다. 물론 데카르트식 관점에 깊이 빠져 있는 누군가는 비트겐슈타인의 논법에 움직이지 않겠지만—데카르트주의자는 우리에게 타인의 생각에 대한 접근 권한이 있다는 가정이야말로 마음만 먹으면 아무나 할 수 있는 것이라 항변할지도 모른다—데카르트식 그림에 깊이 사로잡히지 않은 사람은 비트겐슈타인의 논증에 멈칫할 것이다.

데카르트식 설명이 다른 마음의 문제를 일으키는 정확한 이유는 무엇일까? 문제가 일어나는 이유는 데카르트주의자가 생각과 생각의 행동적 표현 사이의 관계를 우연적인 것으로 보기 때문이다. 딱정벌레와 딱정벌레 상자 사이에 필연적 연관성이 없는 것과 마찬가지로, 생각과 생각이 일으키는 행동 사이에도 필연적 연관성이 없다는 것이다. 그러므로 다른 마음의 문제를 제거하는 한 방법—실은 어쩌면 유일한 방법—은 생각과 생각의 행동적 표현 사이의 연관성이 내재함을, 다시 말해 우연적인 게 아님을 뒷받침하는 생각의 개념을 도입하는 방법일 것이다. 그러한 관점은 어떤 모습일까?

행동주의의 신조가 제공하는 한 가지 생각의 개념에 따르면, 생각은 반드시 일정한 종류의 행동과 연동되어야 한다. 거칠게 말해서, 행동주의자는 부엌에 불이 났다고 생각하고 있음을 적절한 상황에서 일정한 종류의 행동—예컨대 '부엌에 불이 났다'라고 소리 내어 말하기—을 낳는 성향을 가지고 확인한다. 하지만 행동적 성향으로 생각을 확인하면 다른 마음의 문제가 해결된다 해도, 이 해답을 위해 치르는 대가는 너무 가혹하다. 모든 생각을 행동주의자들이 그리는 방식으로 특정한 행동적 성향과 관련시킬 수 있다는 가정은 도무지 타당성이 없기 때문이다. 심리학자 B. F. 스키너(Skinner)가 그의 책 『언어 행동Verbal Behavior』에서 회상하는 어느 만찬에서, 철학자 앨프리드 노스 화이트헤드(Alfred North Whitehead)는 그에게 '검은 전갈이 이 식탁 위로 떨어지지 않고 있다'라는 생각을 행동적으로 분석해달라고 요구했다. 말할 필요도 없이, 그 요구는 충족되지 않았다.

오늘날 행동주의를 지지하는 사람은 거의 없지만, 생각의 정체성은 본질적으로 생각하는 피조물이 지각하고 행동하는 환경과 연관된다는 행동주의자의 신념만큼은 많은 이론가가 공유한다. 기능주의가 이 제안을 중심에 둔다. 기능주의자는 생각을 다양한 종류의 입력 상태와 출력 상태 사이를 중재하는 내적 상태로 이해한다. 특정한 생각—말하자면 부엌에 불이 났다는 생각—은 흔히 일정한 종류의 원인(예컨대 부엌에서 피어오르는 연기가 보이거나, 불길에서 내뿜는 열이 느껴짐)이 있고, 차례로 흔히 일정한 종류의 결과(예컨대 비상계단을 찾거나, 긴급 구조대에 전화하기)가 있는 내적 상태다. 기능주의자는 생각이 일어나는 주체의 인지적 경제 안에서 그 생각이 담당하는 기능적 역할에 의해 생각의 정체성이 정해진다고 여긴다.

생각에 관한 기능주의적 관점은 두 가지 면에서 행동주의를 넘어선다. 첫째, 생각의 정체성이 생각의 행동적 결과뿐만 아니라 지각적 원인에 의해서도 정해진다고 여긴다. 둘째, 기능주의적 생각의 개념은 근본적으로 전체론적이다. 행동주의자는 생각을 특정한 행동적 성향 면에서 **개별적으로** 특징지을 수 있다고 여기는 반면, 기능주의자는 생각이 일어나는 종합적인 심리적 경제 안에서 생각이 하는 역할에 의해 생각의 정체성이 결정된다고 여긴다. 이 경제에는 다른 생각들도 포함되리라는 게 중요하다. 이로써 같은 생각의 행동적 표현이 매우 다를 수 있다는 사실이 설명된다. 예컨대 부엌에 불이 났다고 생각하는 결과로 어떤 사람들은 부엌에서 도망치려 할 것이고 다른 사람들(예컨대 소방관)은 부엌으로 들어가려 할 것이다.

그러므로 생각의 행동주의적 설명과 기능주의적 설명에는 분명한 차이가 있다. 생각의 기능주의적 설명과 데카르트식 설명에도 분명한 차이가 있다. 데카르트주의자는 생각을 순수하게 개인적인 상태—공개적으로 접근 가능한 어떤 상황으로부터도 독립적인 정체성을 가진 항목—로 이해하는 반면, 기능주의자는 생각의 정체성이 주체의 지각적 환경과 행동적 반응의 형태를 띤 공개적으로 접근 가능한 사실들에 의존한다고 여긴다. 이 때문에, 기능주의는 데카르트식 관점과 달리 다른 마음에 관한 회의론이 득세하는 것을 막을 수 있다.

기능주의는 우리에게 다른 마음의 문제를 방지하는 예방약을 제공할 뿐만 아니라, 타인의 생각에 대한 우리의 접근 권한이 흔히 잠정적이고 불확실한 이유를 설명하기도 한다. 설령 어떤 피조물의 지각적 맥락과 행동적 성향에 관한 매우 광범위한 정보가 있다 해도, 그 맥락과 성향에 유일무이하게 배정되는 생각을 결정하지는 못할 것이다. ('그녀가 그 말을 한 이유는 당황해서였을까, 아니면 그를 모욕하려고 작정해서였을까?') 우리는 지인들, 그리고—더 일반적으로—언어와 문화를 공유하는 사람들의 생각을 확인하는 데는 꽤 능숙하지만, 인류학자들이 너무도 잘 알듯이, 우리 자신의 것과 근본적으로 다른 문화에 속하는 사람들의 생각을 확인하는 일은 흔히 도전적이다. 우리가 공유하는 인간성이 일정 범위의 마음 상태를 귀속시키는 행위에 신뢰성을 주는 토대가 되지만, 우리에게 '가깝고 소중한' 사람에게서 멀어질수록 타인의 생각에 대한 우리의 접근 권한은 불확실해진다. 말이 없는 존재의 생각을 확인하는 일이 제기하는 난제는 훨씬 더 위압적이다. 다음 장에서 그러한 난제들을 고려할 것이다.

뇌 기록과 마음 읽기

최근까지 우리가 타인의 마음에 접근하는 유일한 경로는 타인의 행동을 연구하는 것이었다. 그러나 최근 수십 년 사이에 새로운 형태의 '독심술'이 출현했다. '뇌 판독' 또는 '뇌 해독(解讀)'으로 알려져 있는 문제의 방법은 생각의 뇌 활동 패턴에 관한 정보를 기초로 이런저런 생각을 어떤 사람에게 귀속시키는 결과를 낳는다. 신경과학자 존-딜런 헤인스(John-Dylan Haynes)와 동료들은 한 연구에서, 참가자들에게 두 숫자(말하자면 3과 7)를 제시한 다음 남몰래 두 숫자를 더하거나 한 숫자에서 다른 숫자를 빼라고 지시했다. 헤인스와 동료들은 기능적 뇌 영상 촬영으로 얻은 데이터를 써서, 피험자가 제시된 숫자를 더할 것인지 뺄 것인지를 최대 70퍼센트의 정확도로 알아맞힐 수 있었다.

헤인스의 연구에서 이용한 뇌 해독 기법의 신뢰도는 피험자에게 자신의 마음 상태가 어떤지를 물어서 평가할 수 있었지만, 뇌 해독 기법은 이런 종류의 행동적 입증이 좀더 문제가 되는 맥락에서도 동원되어왔다. 신경과학자 에이드리언 오언(Adrian Owen)과 동료들은 식물상태 환자들이 그 상태에서도 얼마간 생각하는 능력을 지니는지 여부를 조사하기 위해 이 기법을 사용해왔다. 한 연구에서는 어느 식물상태 환자에게 자신이 테니스를 치는 상상을 하라거나 자기 집의 방들을 둘러보는 상상을 하라고 지시했다. 놀랍게도, 환자는 인지적으로 온전한 사람들이 이 지시들에 반응해 내놓는 것과 비슷한 신경 활동을 보여주었다. 오언과 동료들은 환자가 자신에게 주어진 지시들을 의식적으로 따랐다는 결론을 내렸다. 이 데이터 해석은 논란의 여지가 있지만—몇몇 비판자들은 이 결과가 우리에게 환자가 모종의 정보를 처리하고 있었다는 증거를 제공한다는 점은 인정했지만, 그 정보 처리가 의식되고 있었다고 생각할 이유는 없다고 말한다—뇌 해독이 전통적인 '독심술'로는 여전히 접근할 수 없는 의식적 생각의 신호를 탐지할 가능성을 제기하는 것은 분명하다.

이 기법에는 어떤 잠재적 여지가 있을까? 신경과학자들이 마음에 대해 소유자 자신의 접근 권한과 견줄 수 있는 종류의 접근 권한을 얻을지 모른다고 생각할 이유가 있을까? 숫자 맞히기 놀이에서 행운을 얻기 위해 이 기법을 사용해도 될까?

과학이 무엇을 가져다주리라(또는 그러지 못하리라)고 예측하는 것은 현명하지 못한 일이지만, 현재의 '뇌 해독' 방법의 한계는 강조할 만하다. 첫째, 이 연구들은 피험자가 품을 수 있는 생각의 범위를 인위적으로 제한한다. 헤인스의 연구에서는 피험자에게 제시된 숫자를 더하거나 빼라고 지시했고, 오언의 연구에서는 피험자에게 테니스를 치거나 자기 집을 돌아다니는 자신을 상상하라고 지시했다. 하지만 피험자들이 실세계의 맥락에서 품을 수 있는 생각의 범위는 이런 식으로 제한되지 않으므로, 어느 피험자의 생각을 일상생활에서 확인하는 일은 실험실 조건에서보다 엄청나게 더 어려울 것이다. 둘째, 이 연구들은 사전에 확립된 생각과 신경 활동 유형의 상관관계들을 이용한다. 때때로 뭐라고 주장되건, 그 상관관계가 반드시 사고언어의 해독과 연관되는 것은 아니다(실은, 사고언어가 있다고 상정하는 것조차도 아니다). 그 결과로, 신경과학자들은 이 기법을 써도 신경과학자의 상관관계 데이터베이스에 이미 포함되어 있지 않은 생각은 확인할 수 없다. 그런 면에서 '뇌 판독' 기법들은 우리가 날마다 사용하는, 행동에 기반을 둔 전통적 독심술보다 덜 인상적이다. 우리는 자신이 품어본 적도 없는 생각들을 귀속시키는 데에 그러한 기법을 일상적으로 적용하기 때문이다.

뇌 해독 방법이 발전하면 이런 한계들을 극복할 방법이 찾아질까? 답은 시간만이 알려줄 것이다. 지금으로서 우리가 할 수 있는 말은, 신경과학자들이 가까운 시일 내에 당신이 품고 있는 생각에 그런 식으로 접근할 확률은 거의 없다는 것이다.

밖에서 안으로(그리고 다시 밖으로)

나는 지금까지 데카르트식 생각의 개념에 어느 정도 진실이 있다고, 다시 말해 자신의 생각에 대해 가지는 접근 권한은 타인의 생각에 대해 가지는 접근 권한과 정도만 다른 것이 아니라 종류도 다르다고 주장했다. 하지만 그렇다고 해서 생각의 본질이 필연적으로 모종의 내적 사건—내면에 있는 데카르트식 극장의 무대 위에서 펼쳐지는 공연—과 연관될까? 아마 아닐 것이다. 정신은 데카르트에 맞서지만, 그러면서도 우리로 하여금 데카르트의 그림에 있는 듯한 진실이 무엇인지를 공정하게 다루도록 해주는 생각의 개념들이 있다.

(복잡한 인간 특유의) 생각이 모종의 공개된 기호 체계에서 시작된다고 하자. 아마 최초의 생각하는 존재들은 (말하자면) 모종의 계수기를 사용해서 대상을 표상했을 것이다. 예컨대 콩알 하나는 물이 있는 곳 한 군데, 콩알 두 개는 물이 있는 곳 두 군데 등등에 해당했을지도 모른다. 초기 인류의 사회는 콩알을 조작해 물이 있는 곳의 분포를 더 쉽게 추적할 수 있었을지도 모른다. 시간이 가면, 대상을 표상하기 위해 계수기를 사용하는 방식은 단어를 사용하는 방식으로 보충되었다가, 마침내 단어를 사용하는 방식으로 대체된다. 그리고 일단 서로 이야기할 수 있게 된 피조물들은 혼잣말도 할 수 있고, 혼잣말을 할 수 있는 피조물은 이윽고 생각을 혼자 간직할 능력을 얻을 것이다. 데카르트주의자는 생각이 무엇보다도 내면의 과정—자기 마음의 '덧문이 내려진 방' 안에서 일어나는 어떤 것—이므로 그 이상의 의사 전달 행위에 의해서만 공개적으로 파악할 수 있게 된다고 여긴다. 여기에 스케치한 그림은 그 관점을 머리 위에 세우고, 생각—최소한 인간 특유의 생각—의 뿌리는 공개적으로 접근 가능한 지각과 행위의 공간에 있다고 여긴다.

이 관점에 따르면, 피조물의 생각은 행동에서 자연스럽게 드러난다. 어떤 피조물들은 생각을 숨길 능력을 결코 얻지 못할 테고, 다른 피조물들은 점진적으로만 얻을 것이다. 아이들이 수 세기를 어떻게 배우는지 생각해보라. 수 세기 능력은 나중에 자연언어로 번역해야만 하는 사고언어를 먼저 속으로 숙달하여 얻는 능력이 아니다. 대신에 아이들은 먼저 수 단어들을 소리 내어 말하거나 자신의 손가락과 발가락을 가리키는 방법으로 수 세기를 배운다. 일단 이런 식으로 수 세기 능력을 숙달해야 비로소 혼자서 남몰래 마음속으로 수를 셀 능력을 얻을 수 있다. '공개적으로' 시작하는 과정이 내면화되어 타인에게 보이지 않도록 숨겨지게 된다. (아마도 진화상에서 이 과정을 추진한 요인은 속임수—생각을 혼자 간직할 필요성—였을 것이다.) 그리고 일단 생각을 혼자 간직하는 법을 배우고 나면, 숫자 맞히기 놀이를 할 수도, 깜짝 생일파티를 계획할 수도, 경쟁자를 쓰러뜨릴 음모를 꾸밀 수도 있다.

제 4 장

원초적 생각

개는 주인이 문간에 있다고 믿을 수 있다. 하지만 주인이 모레 올 거라고도 믿을 수 있을까?

—루트비히 비트겐슈타인, 『철학적 탐구』

인간 이외의 동물들도 생각할 수 있을까? 만일 그렇다면, 어떤 종류의 생각을 즐길 수 있을까? 개가 일정한 종류의 믿음과 욕구를 가지고 있을지는 몰라도, 뭔가가 사실일 수도 있다는 의심을 품거나 그것이 사실이길 희망할 수도 있을까? 인간 이외의 동물들이 모종의 생각을 할 수 있건 없건, 인간의 인지 능력과 다른 종의 인지 능력에 근본적 차이가 있는 것만은 분명하다. 무엇이 이 차이들을 설명할까? 동물과 우리 자신 사이의 가장 명백한 차이—자연언어의 소유 여부—가 그것을 완전히 설명할까, 아니면 언어 이외의 요인들이 우리의 인지 능력과 다른 종의 인지 능력 사이에 놓인 간극을 설명하는 데 한몫할까? 이 질문들은 아리스토텔레스 시대의 토론에 활기를 불어넣었고, 오늘날도 계속해서 논쟁을 일으킨다.

일차적 난관들

몇몇 일차적 난관들이 동물의 생각 연구의 앞길을 막아선다. 이러한 난관들 중 첫째는 동물이 생각을 할 **가능성** 자체와 관계가 있다. 동물의 생각이란 게 정상적인 과학의 방법들로 해결할 공개적 쟁점일까, 아니면 (많은 이론가가 주장해왔듯이) 언어가 없는 피조물이 생각을 할 수 있으리라는 자체를 부인할 원리적 근거가 있을까?

언어가 생각의 필요조건이라는 주장을 뒷받침하는 가장 손쉬운 전략은 생각과 연관되는 인지 능력들, 예컨대 없는 대상을 표상하는 능력, 광범위한 대상과 속성을 표상하는 능력, 체계적이고 융통성 있는 방식으로 환경을 표상하는 능력 중 하나에 언어가 필요하다고 주장하는 것일 테다. 이 가운데 어떤 능력을 위해서든 자연언어가 요구될까? 자연언어가 이 능력들의 습득을 **용이하게** 할지 모른다는 생각은 확실히 그럴듯하다. 그뿐 아니라, 심지어 인지적 건축양식에 대한 생물학적 제약이 있어서 이 때문에 피조물이 언어 이해 능력을 먼저 (또는 동시에) 습득하지 않고서는 이러한 인지 능력을 습득하지 못하는 것일 수도 있다. 하지만—영향력 있는 많은 인물들이 그렇다고 주장함에도 불구하고—이 능력들이 공개적 언어의 숙달을 요구한다고 가정하기에 충분한 선험적 근거는 없다. 생각에 모종의 표상 체계가 필요한 것은 사실이지만, 그 체계가 자연언어의 형태를 띠어야만 하느냐, 또는 '사고언어'와 흡사한 뭔가가 그것을 대신할 수 있느냐 없느냐는 아직 해결되지 않은 문제다.

둘째 난관은 방법론과 관계가 있다. 다시 말해, 설령 말을 할 수 없는 피조물이 그럼에도 생각은 할 수 있다고 쳐도, 우리가 무슨 수로 그러한 피조물 안에서 생각의 증거를 발견할 수 있겠는가? 우리가 던지는 질문에 답할 수 없는 피조물이 무슨 생각을 하고 있는지를—실은 생각을 하고 있다는 **그 자체**마저도—어떻게 판정할 수 있을까?

먼저 유의할 것은, 이런 종류의 인식론적 문제에는 우리의 질문에 답을 **할 수 있는** 피조물에게 생각을 귀속시킬 때에도 부닥친다는 점이다. 『이상한 나라의 앨리스』에서 미친 모자장수가 앨리스에게 지적했듯이, 우리는 언제나 우리가 생각하는 걸 말하는 것도 아니고, 우리가 말하는 대로 생각하는 것도 아니다. 말의 해석은 흔히 잠정적이고 일시적이며, 우리는 어떤 사람이 하는 말에서 그가 하는 생각을 유추하기 위해 그의 진정성, 청중에 대해 그가 아는 내용, 그가 사용하는 단어들의 의미를 그가 어떻게 파악하는가에 관한 수많은 가정에 의존한다. 그뿐 아니라, 말하지 않는 피조물이 우리에게 자신이 하고 있는 생각을 말해줄 수는 없지만, 우리가 그들이 하는 생각의 내용을 확인할 수 있는 다양한 방법이 있다. 예컨대 우리는 그들이 구분해서 감지하는 여러 종류의 속성을 볼 수 있다. 멍멍이가 다람쥐에 관해 생각할 수 있는지 없는지가 궁금하다고 하자. 만일 멍멍이가 자신의 환경에서 다람쥐를 다른 대상들과 구분한다면, 다람쥐에 관한 생각을 멍멍이에게 귀속시킬 근거가 있을 것이다. 예컨대 멍멍이가 나무 위에 다람쥐가 있다고 믿는다고 생각해도 타당할지 모른다. (물론, 다람쥐와 관련된 생각을 멍멍이에게 귀속시키려면 먼저 멍멍이가 다람쥐를 다른 모든 것과 구분할 수 있어야 한다는 조건을 달아서는 안 된다. 어쨌거나 우리가 다람쥐를 가장하는 모종의 로봇들과 다람쥐를 구분할 수 없어도 다람쥐에 관해 생각할 수 있다는 데에는 의심의 여지가 없다.) 분명, 언어적 행동과 비언어적 행동의 차이는 정도의 차이일 뿐 종류의 차이는 아닐 것이다.

그러므로 언어가 없는 피조물이 생각할 능력을 지닐 가능성을 묵살할 근거도 없고, 그들이 할지도 모르는 생각을 탐지하는 게 우리의 능력 밖이라고 가정할 타당한 근거도 없는 듯하다. 우리는 언어에 힘입어 언어가 없으면 얻을 수 없는 정확성을 가지고 생각을 어떤 피조물에게 귀속시킬 수 있을 테지만, 그렇다고 해서 우리는 언어가 없는 피조물의 생각을 결코 알 수 없다고 결론짓는 것은 실수일 것이다.

수학, 사회학, 심리학

어떤 종에게서 생각의 증거를 찾으려면 어디를 바라보면 좋을까? 경로 찾기 능력을 살펴볼 수 있을 것이다. 경로 찾기 솜씨를 발휘하려면 흔히 자신이 처한 환경의 시간 및 공간 특징을 복잡하고 체계적인 방식으로 표상해야 하니까. 아니면, 도구 제작 능력을 볼 수도 있을 것이다. 어떤 대상을 도구로 바꾸려면 인과적 속성을 파악해야 하니까. 이 주제에 관한 문헌은 풍부하지만, 여기서는 동물이 생각한다는 증거를 찾을 수 있는 세 가지 다른 영역인 숫자의 영역, 사회적 관계의 영역, 마음 상태의 영역에 초점을 맞출 것이다.

연구 결과는 대단히 많은 종이 자신의 환경에 있는 대상의 수학적 속성들을 추적할 능력을 어느 정도는 가지고 있음을 암시한다. 심리학자 러셀 처치(Russell Church)와 워런 멕(Warren Meck)은 한 실험에서, 쥐들을 소리와 불빛에 노출시

켰다. 쥐들이 처음에는 소리가 두 번 들리면 왼쪽 손잡이를, 소리가 네 번 들리면 오른쪽 손잡이를 누르도록 훈련시켰다. 또한 불빛이 두 번 깜박거리면 왼쪽 손잡이를, 불빛이 네 번 깜박거리면 오른쪽 손잡이를 누르도록 가르쳤다. 소리가 한 번 들린 뒤 불빛이 한 번 깜박이면 쥐들은 어떻게 할까? 쥐들은 즉시 왼쪽 손잡이를 눌러서 자신들이 자극을 '두 개의 사건'으로 부호화했음을 암시했고, 소리가 두 번 들리고 불빛이 두 번 깜박이자 즉시 오른쪽 손잡이를 눌러서 자극을 '네 개의 사건'으로 부호화했음을 암시했다.

몇몇 종은 어느 정도 정확하게 수치를 비교할 수도 있다. 영장류학자 두에인 럼보(Duane Rumbaugh)와 동료들은 침팬지들에게 두 쟁반의 초콜릿 칩을 보여주고, 거기서 한 쟁반만 고를 수 있게 했다. 각 쟁반에는 두 더미의 초콜릿 칩이 담겨 있었다. 예컨대 한 쟁반에는 칩 세 개를 쌓은 더미와 칩 네 개를 쌓은 더미가 담겨 있다면, 다른 접시에는 칩 일곱 개를 쌓은 더미와 칩 두 개를 쌓은 더미가 담겨 있는 식이었다. 침팬지들은 초콜릿 칩을 좋아하므로 어느 쟁반에 칩이 더 많은지를 판정하는 문제에 맞닥뜨렸다. 이 문제를 풀려면 먼저 각 쟁반 위에 나타난 두 더미를 합산한 다음, 두 쟁반 중 어느 쟁반에 더 많은 수의 칩이 놓여 있는지를 알아내야 했다. 침팬지들은 각 쟁반 위에 놓인 칩의 총수가 매우 비슷할 때는 머뭇거렸지만, 일반적으로 매우 정확하게 더 많은 수의 칩이 담긴 쟁반을 골랐다.

사실, 침팬지들은 간단한 분수까지도 파악할 수 있다는 증거가 있다. 영장류학자 데이비드 프리맥(David Premack)과 가이 우드러프(Guy Woodruff)는 한 실험에서, 침팬지들을 훈련시켜 대상의 절반을 알아보도록 했다. 예컨대 목표물로 우유 반 컵을 보여주면, 침팬지가 사과 반 알을 고르고 4분의 3 크기의 사과는 무시하도록 말이다. 프리맥과 우드러프는 그런 다음 침팬지들에게 4분의 1 크기 사과의 이미지와 우유 반 컵의 이미지를 제시했다. 이 동물들은 이 두 이미지를 합쳐 4분의 3을 나타내는 이미지와 짝지음으로써, 이들에게 직관적으로 분수를 파악할 능력이 있음을 암시했다.

종합한 증거는 몇몇 종이—그리고 실은 인간의 아기도 생후 약 6개월째부터—소량(하나, 둘, 셋, 그리고 셋보다 큼)을 정확하게 표상하는 능력과 더 큰(3보다 큰) 수량을 근사적으로 표상하는 능력을 모두 가지고 있음을 시사한다. 이러한 표상들은 그것이 어느 정도로든 자극과 무관한 한, 생각과 유사하다. 그러나 인간 이외의 동물들도 인간의 아기들도 더 큰 수를 정확하게 표상할 능력은 없는 것으로 보인다. 다음 장에서 보겠지만, 이 능력을 얻으려면 수 용어를 파악해야 할 것이다.

이제 동물이 생각한다는 증거를 얻어온 둘째 영역—사회

적 관계의 영역—으로 넘어가자. 사회적 계급은 많은 종에서 중요한 역할을 하므로, 개체가 사회적 우주 안에서 자신의 위치를 알 뿐만 아니라 자기 집단에 속하는 다른 구성원들의 사회적 지위를 추적할 줄 아는 것이 지극히 중요하다. 인간 이외의 영장류가 지닌 사회적 인지에 관한 연구들 중에서는 영장류학자 도러시 체니(Dorothy Cheney)와 로버트 세이파스(Robert Seyfarth)가 비비를 상대로 수행해온 연구가 가장 광범위한 연구에 속한다. 암컷 비비의 사회적 세계에 수반되는 이중 위계 안에서는 모든 가족에게 상대적 순위가 있고, 각 가족 안의 암컷들에게도 상대적 순위가 있다. 비비가 무리의 다른 구성원과 하게 될 상호작용을 구조화하는 데에서 이—유동적인—순위가 중추적인 역할을 하므로, 비비에게서 복잡한 사회적 세계의 표상이 발견되는 것은 놀라운 일이 아니다. 예컨대 비비는 하급자가 다른 가족의 상급자를 위협하고 있음을 나타내는 일련의 신호에 의해 더 많이 놀라고, 가족 내부의 유사한 분쟁을 나타내는 일련의 신호에 의해서는 (설령 전체적인 계급적 순위 차이는 동일할 때라도) 덜 놀랄 것이다.

비비의 사회적 세계 이해는 몇 가지 측면에서 생각의 특징을 드러낸다. 첫째, 비비의 사회적 우주 파악은 특정한 지각 양상과 결합되는 것이 아니라, 당면한 지각 환경과 무관하다. 예컨대 다른 비비가 내는 소리를 해석할 때는 들리는 것뿐만 아니라 보이는 것에도 의존한다. 둘째, 추적되고 있는 속성(예컨대 지위가 낮음)이 피조물의 환경에서 직접 드러나는 것이 아니라, 비비의 사회적 지위에 영향을 끼치는 신체적·행동적 속성들의 종류를 결정하는 이론을 전개해야 드러난다. 이를 이해하지 못하는 인간은 비비 무리의 구성원들 사이의 사회적 관계를 비비처럼 추적할 수 없을 것이다. 셋째, 비비가 사회적 환경을 이해하는 방식은 상당히 체계적이고 융통성 있어 보인다. 비비는 무리의 구성원들 사이에 있을 수 있는 엄청난 수의 관계를 표상할 수 있다. 예상되는 관계뿐만 아니라 뜻밖의 어울리지 않는 관계도 표상할 수 있다. 이 특징들이 모여서, 비비의 사회적 세계 표상을 생각의 한 형태로 묘사하기에 충분한 명분을 제공한다.

인간 말고도 어떤 종의 구성원들에게는 아마추어 사회학자 자격을 주어도 괜찮을지 모르지만, 아마추어 심리학자 자격까지 주어도 될까? 마음 상태를—자신의 마음 상태뿐만 아니라 타자의 마음 상태까지—추적하는 우리의 고급 능력을 다른 종의 구성원들도 공유할까?

마음 상태의 상당히 원시적인 한 측면으로 볼 만한 시각 조망(visual perspective)의 관념에서 시작하자. 동물들이 다른 피조물의 응시 방향에 관한 정보를 근거로 그 피조물이 무엇을 볼 수 있는지—따라서 아마도 무엇을 아는지—판단할 수 있을까? 최소한 영장류는 보인다는 것과 안다는 것 사이의 연관성을 어느 정도는 파악하는 것으로 보인다. 예컨대 영장류는 다른 동물이 주목하는 대상의 위치를 알아내기 위해 그의 시선을 따르기도 하고, 다른 동물의 시선을 피해 귀중한 먹을거리를 감춰두기도 할 것이다. 하지만 영장류가 시각 조망의 관념을 정말로 이해하는 것일까, 아니면 그저 동물의 시각 조망과 연관되는 행동적 상관관계, 이를테면 탐나는 먹을거리를 보는 동물은 그것을 먹는 경향이 있다는 사실을 학습한 것일까?

영장류학자 대니얼 포비넬리(Daniel Povinelli)와 티머시 에디(Timothy Eddy)가 수행한 일련의 실험은 침팬지들이 시각 조망을 단지 행동과 연관해서 파악함을 시사하는 듯했다. 이 실험에서는 침팬지들이 두 사람 중 한 사람을 선택해 그에게 먹이를 달라고 할 수 있었다. 한 사람은 침팬지를 볼 수 있었고, 다른 한 사람은 침팬지를 마주하고 있긴 했지만 머리에 양동이를 쓰거나 눈가리개를 하고 있어서 침팬지를 볼 수 없었다(그림 2). 포비넬리와 에디는 침팬지들이 자기를 볼 수 있는 실험자에게서 먹이를 구할 확률이 자기를 볼 수 없는 실험자에게서 먹이를 구할 확률보다 높지 않음을 알았고, 이는 침팬지들이 보인다는 것과 안다는 것 사이의 연관성을 파악하지 못했음을 시사한다.

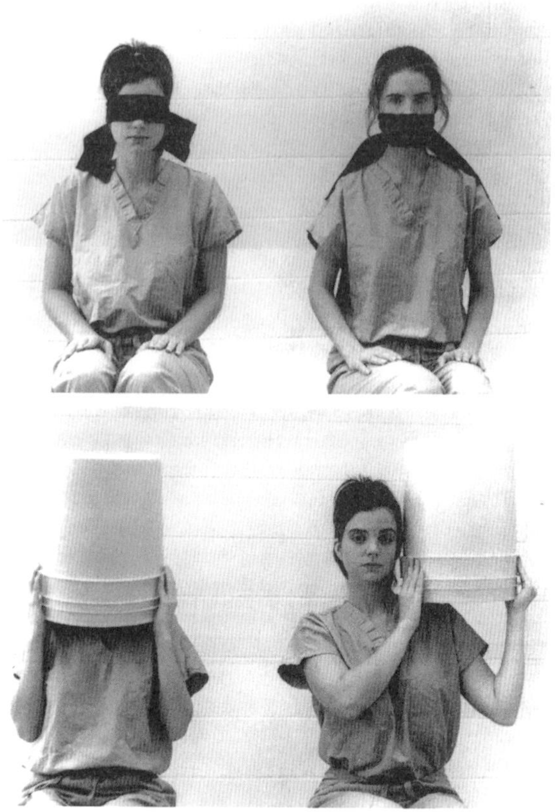

2. 침팬지가 보인다는 것을 이해하는지 검증하기

이 결과는 주목할 만하지만, 침팬지들을 실험하는 과제가 침팬지들의 능력을 제대로 보여주지 못할 수 있다는 점에 유의해야 한다. 야생 침팬지들은 대개 먹이에 접근하기 위해 경쟁을 하지, 먹이를 졸라서 얻는 일은 흔치 않다. 이를 염두에 둔 진화인류학자 브라이언 해어(Brian Hare)와 동료들은 먹이를 얻으려면 경쟁을 해야 하는 과제로 실험하면 침팬지들이 보인다는 것과 안다는 것의 관계를 이해한다는 걸 보여주지 않을까 생각했다.

해어와 동료들은 두 조각의 먹이가 있는 방 안에 상위 계급의 침팬지 한 마리와 하위 계급의 침팬지 한 마리를 같이 두는 방법으로 이 가능성을 조사했다. 한 먹잇감은 두 침팬지 모두가 볼 수 있었지만, 다른 하나는 하위 계급의 침팬지에게만 보였다. 전형적인 상위 계급의 침팬지들은 손에 넣을 수 있는 모든 먹이를 독차지한 뒤, 먹이에 덤비는 하위 계급의 침팬지를 혼내준다. 따라서 만일 하위 계급의 침팬지가 보인다는 것과 안다는 것의 연관성—그리고 특히, 보이지 **않는다**는 것과 알지 **못한다**는 것의 연관성—을 이해한다면, 녀석은 장벽 뒤에 놓인 먹잇감을 우선적 목표로 삼을 게 틀림없다. 그리고 정확히 그 일이 벌어졌다.

다른 영장류들의 '독심술'은 얼마나 멀리까지 연장될까? 이들에게 자신의 마음 상태를 관찰할 능력이 있을까? 이에 관해서는 약간의 암시적인 증거가 있다. 데이비드 스미스(David Smith)와 동료들의 연구가 원숭이들도 자신의 확신 상태와 불신 상태를 관찰할 능력이 있음을 암시해왔다. 이 연구에서는 원숭이들이 조이스틱의 조종법을 배워, 시각적 분별을 실험하는 질문에 조이스틱을 써서 답할 수 있었다. 정답을 맞히면 먹이를 받았지만, 답이 틀리면 다음 시행을 기다려야—좋아하지 않는 일을 해야—했다. 그 다음에는 특별한 아이콘을 눌러서 시행을 '기권'할 수 있는 법을 배웠다. 시행을 기권한다는 것은 먹이를 받지 못한다는 뜻이었지만, 다음 시행이 지체되지 않는다는 뜻이기도 했다. 원숭이가 '기권' 아이콘을 쓴다는 것은 각각의 특정한 시행이 얼마나 어렵게 생각되는지를 추적하고 있음을 암시했다. 왜냐하면 어려운 시행(답이 틀려서 지체당할 가능성이 더 높은 시행)만 기권했기 때문이다. 흥미롭게도, 돌고래 역시 이런 식으로 자신의 확신 정도를 관찰할 능력이 있는 것으로 보인다.

그러므로 인간 말고도 몇몇 종은 생각과 유사한 방식으로 각종 영역을 표상할 수 있다는 증거가 있다. 그러나 동물의 생각에 관해 우리가 아는 것은 우리가 모르는 것에 비하면 없는 거나 마찬가지다. 인간 이외의 동물들은 어떤 종류의 명제적 태도를 지닐 수 있을까? 믿음, 욕구, 의도는 가질 수도 있겠지만, 단순히 생각을 품을 능력도 지니고 있을까? 의식적으로 생각을 이어가는 능력은? 능동적으로 생각의 방향을 인도하며 일련의 의식적 생각을 즐길까, 아니면 이들의—보잘것없는—의식적 생각 생활은 순전히 수동적인 것일까? 그리고 인간 이외의 동물들이 하는 생각의 범위는 어디까지일까? 다른 종의 구성원들도 자의식을 느끼며—자기 자신을 자기 자신으로—생각할 수 있을까, 아니면 자의식을 위한 능력은 인간에게만 있는 것일까? 이를 비롯해 동물의 생각에 관한 많은 질문들이 현재로서는 답이 없는 채로 남아 있다.

인간 특유의 생각

우리가 생각하는 존재로서 자격을 갖춘 유일한 종은 아닐 테지만, 생각의 범위나 정교함에서 인간에게 맞먹는 수준 근처에라도 다가오는 종은 전혀 없다. 우리가 스스로에게 **호모 사피엔스**의 지위를 주었다는 사실은 오만의 행위가 아니라, 우리가 정부와 종교를 위해 필요한 사회 제도를 창조한 유일한 종이고, 복잡한 도구와 과학기술을 개발한 유일한 종이며, 세련된 물질문화를 생산한 유일한 종이라는 사실의 정당한 인정이다. 다른 종의 구성원들도—우리 종의 미숙한 구성원은 말할 것도 없고—얼마간 생각할 능력을 가지고 있겠지만, 성숙한 인간이 누리는 것에 비하면 그 능력은 지극히 빈곤하다.

무엇이 인간이 하는 생각의 유일무이함을 설명할까?

인간이 하는 생각의 한 가지 두드러진 특징은 생각의 초점을 지각적 주의의 초점에서 해방시키는 능력과 연관된다. 우리는 바라보고 있는 것과 완전히 다른 뭔가에 관해 생각할 수 있다. 반면, 어떤 동물(또는 언어를 배우기 이전의 아동)이 무엇을 생각하고 있는지 확인하고 싶으면, 그 동물이 지각으로 주목하는 대상을 알아내기만 하면 된다.

생각을 당면한 환경에서 분리시키는 능력에는 기호 사용이 도움(어쩌면 심지어 요구)될 것이다. 기호(숫자)를 써서 항목들을 표현하도록 훈련받은 어른 침팬지 시바와 또다른 침팬지 새라에 관한 다음의 일화를 생각해보라. 시바와 새라가 두 접시의 특식 앞에 앉아 있었다. 실험은 시바가 작은 접시를 가리킬 때에만 큰 접시의 특식을 받도록 짜여졌다. (시바가 큰 접시의 특식을 가리키면 그것은 새라에게 주어졌다.) 시바는 (그녀가 분명 원하는!) 큰 접시의 특식을 받으려면 자기가 무엇을 해야 하는지를 분명히 이해했음에도, 더 큰 (그리고 따라서 더 탐나는) 접시의 특식을 향하는 본능적 기질을 이기지 못하다가, 마침내 접시가 덮이고 그 위에 각 접시에 담긴 특식의 수를 나타내는 숫자가 놓인 뒤에야 그것을 극복했다. 기호의 존재가 시바로 하여금 규칙('큰 접시를 원하면 작은 접시를 가리켜야 한다')에 대한 지식을 써서 더 작은 접시를 가리킴으로써 목표를 달성하게 해주었다.

기호가 지닌 변형 능력의 일례를 제공하는 한 연구에서는, 침팬지들이 기호(플라스틱 꼬리표)를 써서 같음과 다름의 관계를 표현하는 훈련을 받았다. 예컨대 한 쌍의 컵은 붉은 삼각형과 연관시켜 둘이 같은 종류의 대상임을 표시하고, 반면에 컵 하나와 신발 한 짝은 푸른 동그라미와 연관시켜 둘이 다른 종류의 대상임을 표시하는 식이었다. 이러한 기호 사용법을 훈련받은 침팬지들은—그리고 그 침팬지들만이—훈련 이후에 꼬리표를 써서 더 차원 높은 같음과 다름의 관계를 알아볼 수 있었다. 다시 말해, 컵-컵, 컵-신발의 두 쌍은 첫번째 쌍이 같음 관계를 보여주고 두번째 쌍은 다름 관계를 보여주므로 결국 다름 관계를 예시한다는 것을 알아볼 수 있었다. 이 연구의 저자들은 침팬지들이 기호 덕분에 꼬리표를 시각화함으로써 (대상들 사이의 관계를 알아내는) 고차원의 과제를 (각 쌍과 연관되는 기호들이 같은지 다른지를 알아내는) 1차원의 과제로 변형시킬 수 있었기 때문에 이 과제를 수행할 수 있었다는 의견을 내놓았다.

철학자 앤디 클라크(Andy Clark)가 언급했듯이, '경험이 외면에 꼬리표나 이름표를 달면, 그 덕분에 뇌 자체가…… 표가 없었다면 우리도 어쩔 줄 몰랐을 복잡하고 추상적인 수준의 문제들을 풀 수 있게 된다'. 비트겐슈타인이 생각했듯이 개가 주인이 모레 올 거라고 믿으려면, 어쩌면 개가 기호 사용에 숙달될 필요성이 있을지도 모른다. 그리고 어쩌면 동물이 희망과 같은 명제적 태도를 지닐 수 있느냐 없느냐 하는 문제에도 같은 논지가 적용될지 모른다. 개도 자기가 지각하는 환경이 당장 제시하는 뭔가—예컨대 식탁에 있는 먹이 토막을 받을지 모른다는 가능성—를 희망할 능력은 있을 테지만, 보이지 않는(또는 냄새나지 않는) 것을 희망하려면 생각의 대상을 위한 대리물로 작용할 기호가 필요할지도 모른다.

인간의 생각이 특유하리라 할 때 고려하는 둘째 측면은 심리학자 엔델 털빙(Endel Tulving)이 '정신적 시간 여행'이라 이름 지은 것에 몰입하는 능력—뚜렷하게 '1인칭' 방식으로 과거를 떠올리고 미래를 예상하는 능력—과 관계가 있다. 정신적 시간 여행은 과거로도 연장되고('나는 어릴 적에 다르질링에 갔던 일을 기억할 수 있어') 미래로도 연장된다('나는 지금 다르질링으로 돌아간다면 어떨지 예상할 수 있어'). 계획하기의 중심에 있는 것이 바로 정신적 시간 여행의 투사(投射) 성분—일정한 유형의 상황에 있는 자신을 상상하는 능력—이다. 치과 검진의 가벼운 불편함보다 그것이 훗날 치아 문제로 더 심하게 아픈 것을 피하게 해준다는 사실이 더 중요함을 깨닫게 해주는 게 바로 투사하여 상상하는 능력이다. 투사적 상상은 행동의 결과를 예상하게 해주므로 도구 제작에서도 중요한 역할을 한다.

정신적 시간 여행은 인간만 할까? 이는 현재 해결되지 않은 문제이다. 다른 종들도 정신적 시간 여행의 행동적 징후를 얼마간 보여주는 것은 분명하다. 덤불어치의 은닉 행동을 생각해보라. 심리학자 니콜라 클레이턴(Nicola Clayton)과 앤서니 디킨슨(Anthony Dickinson)은 일련의 실험에서 덤불어치에게 벌레와 땅콩을 주어 덤불어치들이 그것을 이곳저곳에 숨기도록 했다. 덤불어치는 땅콩보다 신선한 벌레를 더 좋아하지만, 한동안 숨겨져 있던(그래서 먹을 수 없게 되었을) 벌레보다는 땅콩을 더 좋아한다. 실험은 덤불어치들이 자신이 받은 먹이를 숨긴 **장소**뿐만 아니라 그것을 숨긴 **시간**까지 기억함을 보여주었다. 왜냐하면 새들이 갓 숨긴 벌레를 회수한 다음에 땅콩을 회수하고, 땅콩을 회수한 다음에 한동안 숨겨져 있던 벌레를 회수했기 때문이다.

이것이 덤불어치에게 '정신적 시간 여행' 능력이 있다는 뜻일까? 아마 아닐 것이다. 덤불어치는 벌레와 땅콩을 숨기는 자신의 행위를 '의식적으로 다시 체험'하고 있는 게 아니라, 일종의 명제적 기억을 바탕으로 행동하고 있는 것일 수 있다. 이를테면 '속에서부터' 행위 자체를 떠올릴 수는 없어도 언제 은닉 행위가 일어났는지는 알지도 모른다는 말이다. 이 역시 생각일지도 모르지만, 그것은 우리가 정신적 시간 여행 능력

덕분에 누리는 것과는 매우 다른 종류의 생각일 것이다.

인간의 생각은 유일무이하다 할 때 고려하는 셋째 측면은 생각과 환경의 관계와 상관이 있다. 인간의 생각이 일어나는 환경은 생각의 한도와 강도를 급격히 증가시킨다. 우리는 다양한 종류의 도구를 써서 생각의 방향에 대해 우리가 지닌 허약한 형태의 '직접적' 통제력을 키우는데, 그런 도구들 가운데 가장 강력한 것이 자연언어다. 우리는 생각을 말로 옮김으로써 생각에서 한 발 물러나 그것을 비판적으로 평가할 수 있다. 플라톤이 생각을 '혼잣말하는 영혼'으로 특징지은 것은 그다지 정확하지 않았을지도 모르지만, 인간 특유의 많은 생각에는 속말을 비롯한 언어적 기교들이 필요하다—아니면 적어도 도움을 준다—고 가정할 타당한 이유가 있다. 우리 가운데 많은 이들은 펜(또는 아이패드)을 손에 쥐었을 때 가장 훌륭한 생각을 떠올린다.

인간의 생각은 단지 언어 환경에서 일어나는 게 아니라, 동시에 사회 환경에서 일어나기도 한다. 우리는 태어나자마자 생각하는 존재들의 사회 속으로 들어가고, 이 묘기에 숙달된 사람들의 지도를 받아 생각하는 법을 배운다. 실로, 어린 시절이란 생각하기 업무를 익히는 긴 수습 기간이라 해도 지나치지 않다. 우리는 **무엇을** 생각해야 하는가도 배우고—아마 그보다 더 중요할—**어떻게** 생각해야 하는가도 배운다. 모든 진정한 수습 기간이 그렇듯, 이 수업은 대부분 명백히 드러나지 않고 암묵적으로 이루어진다. 우리는 '마음 사용법'에 관한 한 벌의 공식 규칙을 배우는 게 아니라, 좋은 생각하기의 사례들을 제공받아 생각하는 법을 익힌다. 독일의 철학자 임마누엘 칸트는 이러한 사례들을 생각의 보행기로 묘사했다. 아기의 몸에 채워 걷기 학습을 돕는 보조 기구 말이다(그림 3). 보행기가 아이로 하여금 걷는 기술을 숙달하게 해주듯이, 사례들은 생각하는 기술을 숙달하게 해준다.

이 발달 경로에서 중심이 되는 것은 사회적 참조의 실습이다. 인간의 아기들은 첫돌 때부터 어른들의 이목에 예민해진다. 어른들의 이목에 '파장을 맞출' 뿐만 아니라, 자신에게 '파장을 맞추도록' 어른들의 이목을 집중시키려 한다. 생각의 사회적 보조(scaffolding)는 유아기와 아동기로 한정되는 것이 아니라 우리의 평생에 걸쳐 존재한다. 우리는 어떤 사람의 생각을 '불합리하다' 또는 '무모하다'라는 묘사로 비판하기도 하고, '창의적이다' 또는 '통찰력 있다'라는 묘사로 칭찬하기도 한다. 생각하기에 대한 사회적 평가는 엉뚱한 생각을 바로잡는 작용을 하여 우리가 쟁점 중에서 놓쳤을 수 있는 측면들을 고려하게 해준다. 우리는 남들과 대화하다 문득, 우리의 생각이 옆길로 새지 않도록 재촉하고 캐묻는 상대의 행위에서 자극을 받아, 스스로 할 수 있는지도 몰랐던 생각을 하고 있는

3. 아이들의 보행기

자신을 발견한다. 실제로, 구성원들에게 건강한 논쟁과 이의 제기의 정신을 길러주는 집단이 더 양질의 생각을 생산한다는 증거가 있다. 다른 종의 인지적 삶에는 인간이 하는 생각의 사회적 차원이 전혀 없는 것으로 보인다. 심지어—우리의 가장 가까운 친척인—침팬지도 동료 침팬지가 자신의 마음 상태로 들어오도록 고무하는 의사 전달 신호는 어떤 종류든 가리키거나 생산하지 않는다.

하지만 아마 무엇보다도, 문화적 전달 기구 덕분에 한 세대의 가장 훌륭한 생각들이 다음 세대로 전해진다는 점이 가장 중요할 것이다. 세대가 바뀔 때마다 인지적 돌파구들을 처음부터 다시 발견해야 하는 다른 종들과 달리, 우리는 조상들이 놓은 인지적 기초를 발판으로 삼을 수 있다. 우리는 조상들이 했던 생각의 내용만 물려주는 것이 아니라 생각을 생산하고, 평가하고, 교환하는 방법까지 물려준다는 점이 훨씬 더 중요하다. 물론 모든 유물이 그렇듯 우리가 획득한 인지적 도구들이 언제나 정연하게 작동하리라는 보장은 없지만, 우리가 이 채비로 잃는 것보다 얻는 게 더 많다는 것만은 거의 틀림없다.

제 5 장

‘그들은 우리처럼 생각하지 않는다’

초나라 사람으로 창과 방패를 파는 자가 있었다. 그는 어느 날 창과 방패를 팔러 시장에 나가 먼저 방패를 들고 자랑하였다. '이 방패는 매우 단단해서 아무리 날카로운 창이라도 뚫지 못합니다'라고 하고, 잠시 후에 이번에는 창을 들고 다시 자랑하였다. '이 창은 매우 날카로워서 아무리 단단한 방패라도 뚫지 못하는 것이 없습니다'라고 하자 구경하고 있던 시장 사람들이 웃음을 참지 못하고 물었다. '그럼 당신의 그 창으로 그 방패를 찌르면 어떻게 되겠소?' 그러자 말문이 막힌 그는 아무 대답도 하지 못했다.

—한비자(기원전 3세기)

고대 그리스의 철학자 아리스토텔레스는 이성적 사고 능력이야말로 인간의 본성을 정의하는 특징, 인간을 다른 동물들과 구별하는 특징이라 여겼다. 그러나 아리스토텔레스는 이 능력이 모든 곳에 똑같이 있는 것은 아니며, 그리스의 사고방식이 다른 문화의 사고방식보다 우월하다고 여기기도 했다. 아리스토텔레스에 따르면, 그리스인이 아닌 사람들도 타인의 추리를 이해할 수 있을 테지만, 그들은 독자적으로 이성적인 생각을 시작할 능력이 없었다. 오늘날 그리스인의 사고방식이 우월하다는 아리스토텔레스의 견해를 지지하는 사람은 거의 없겠지만, 그가 제기한 문제는 지금도 살아 있다. 생각의 구조는 문화적 맥락이 아무리 달라도 근본적으로 변치 않을까, 아니면 '그들'—세계의 '반대'편에 있는 사람들—은 '우리'처럼 생각하지 않는다는 흔히 들리는 말에 어느 정도 진실이 담겨 있을까?

대부분의 심리학자가 채택하는 경향이 있는 보편주의적 인간의 사고 개념에 따르면, 사고방식은 모든 사회에서 근본적으로 같다. 반면에 인류학자들이 동조하는 경향이 있는 개별주의적 인간의 사고 개념에 따르면, 사고방식은 중요한 여러 면에서 사회마다 차이가 있다. 인류학자들은 (심리학자들이 전형적으로 하듯이) 서로 다른 사회의 구성원들 사이에 있는 생각의 공통성을 강조하는 대신, 차이를 강조하는 경향이 있다.

앞으로 보겠지만, 보편주의자와 개별주의자 사이의 논쟁에 대해 판결을 내리는 것은 간단한 일과 거리가 멀다. 문제의 일부는 논쟁을 제기할 때 쓰는 용어 자체가 다소 모호하다는 데 있다. 두 사회가 적용하는 사고방식에 차이가 있다는 말은 정확히 무슨 뜻일까? 개별주의는 서로 다른 사회가 드러내는 **경향이 있는** 사고방식에 편차가 있음을 발견하면 입증될까, 아니면 서로 다른 사회가 드러낼 **수 있는** 사고방식에 편차가 있음을 보여주어야만 입증될까? 이 논쟁을 둘러싼 불확실성의 또 다른 출처는 경험적 불확실성이다. 우리는 일반적 인간이 어떻게 생각하는가에 관해 놀랄 만큼 아는 게 없다는 말이다. 추리에 대한 심리학적 연구의 대다수에는 미국인 학부생들만 참여하는데, 미국인 학부생들은 인간과(科)의 매우 작은—그리고 십중팔구 대표성이 없을—표본을 구성한다. 우리가 인간의 사고방식은 모든 곳에서 같다는 것을 이미 아는 경우에만 이 연구의 결과들을 일반적인 인간에게 적용하는 게 정당화될 것이다. 인류학자들은 인류학자로서 특정 문화에 적용되는 사고방식의 상세한 사례 연구들을 제공하지만, 한 문화 안에서 수행되는 연구들을 다른 문화 안에서 수행되는 연구들과 어떻게 비교해야 하는지는 흔히 불분명하다. 한마디로, 이 논쟁의 저울질을 고려하는 사람은 누구나 상당한 난관에 부닥친다는 말이다.

우리는 이 모호한 바다에서 세 가지 질문에 초점을 맞추어 항로를 탐색할 것이다. 첫째, 생각의 내용에 있는 사회 기반의 편차는 얼마나 될까? 둘째, 한 사회의 구성원은 다른 사회의 구성원이 이용하지 않는—그리고 어쩌면 이용할 수 없는—추론의 패턴을 이용하는 경향이 있을까? 셋째, 생각과 언어의 관계는 인간의 사고에 대한 보편주의적 개념과 개별주의적 개념 사이의 논쟁과 어떤 관계가 있을까?

생각의 내용

사회마다 현실을 다르게 이해한다는 것은 어쩌다 누가 인간의 본성을 관찰해도 명백하다. 종교적 믿음도, 철학적 관점도, 도덕관 및 정치관도 서로 다르다. 그러한 차이들의 일례로, 인간 이외의 동물들이 자신의 행동에 법적으로 책임이 있느냐 없느냐의 문제를 생각해보라. '우리'는 동물이 자신의 행동에 법적으로 책임을 질 수 없다는 걸 당연하다고 생각할지 모르지만, 고대 아테네인의 법전에는 동물 재판의 규정에 관한 법령들이 들어 있었고, 중세 유럽에서도 그러한 재판은 진기한 일이 아니었다.

그러므로 인간은 세계를 다르게—때로는 매우 다르게—이해할 수 있음이 분명하다. 덜 분명한 것은 이 생각의 차이들이 우리라면—인간 이외의 동물들에게는 양해를 구하며—현실의 '주변적' 측면으로 묘사할 것에 한정되느냐, 아니면 생각의 '핵심적' 특징—우리의 일상생활을 지배하는 생각의 특징들—까지 규정하느냐 하는 점이다. 그러한 두 영역인 공간에 관해 생각하기와 마음에 관해 생각하기에 관해 우리가 아는 것에 비추어 이 문제를 생각해보자.

공간적 관계에 관해서는 두 가지 방식으로, 즉 자기 또는 지구를 중심에 놓고 생각할 수 있다. 공간을 자기중심으로 이해할 때에는 자신에게 초점을 맞춘 좌표계를 이용한다. 예컨대 나무의 위치를 자기중심으로 이해한다면, 나무가 집의 **왼쪽**에 있다고 표현할 것이다. (같은 나무를 다른 관점에서는 집의 **오른쪽**에 있다고 표현할 것이다.) 반대로 공간을 지구중심으로 이해할 때에는 중심이 지구에 있는 좌표계를 이용한다. 예컨대 나무의 위치를 지구중심으로 이해한다면, 나무가 집의 **북쪽**에 있다고 표현할 것이다. 공간에 관한 이 두 가지 사고방식 가운데 어느 하나에 우선권을 주는 정도가 사회에 따라 다를까?

심리언어학자 스티븐 레빈슨(Stephen Levinson)은 그렇다고 주장해왔다. 레빈슨과 공동 연구자들은 서로 다른 언어의 화자들이 공간에 관해 생각하는 방식을 비교하는 방법으로 이 문제에 접근해왔다. 어떤 언어들은 자기중심의 공간 묘사에 우선권을 부여한다. 예컨대 영어와 네덜란드어는 둘 다 지구중심으로 묘사할 능력을 지원하지만—실제로 나도 앞의 단락에서 그런 묘사를 사용하지 않았던가!—이 언어들의 화자는 당면한 환경에 있는 대상들 사이의 공간적 관계를 묘사할 때는 자기중심의 용어를 강하게 선호한다. 반면에, 다른 언어들은 지구중심의 좌표계를 강하게 선호한다. 예컨대 멕시코 마야족의 언어인 첼탈어의 화자들은 '왼쪽'과 '오른쪽'에 해당하는 용어를 (쓴다 하더라도) 드물게만 사용한다. 첼탈어의 화자들은 누군가에게 그의 왼쪽에 있는 컵을 달라고 하는 대신, 마주하고 있는 사람의 '북쪽에' 있는 컵을 달라고 할 것이다.

이 언어적 차이가 이 언어의 화자들이 공간에 관해 생각하는 방식에서도 대응되는 차이를 동반할까? 레빈슨과 동료들은 네덜란드어 화자의 공간 추리를 첼탈어 화자의 공간 추리와 비교하는 방법으로 이 문제를 탐구했다. 먼저 파란 점의 왼쪽에/북쪽에 빨간 점이 찍힌 카드 한 장을 테이블 위에 놓고 참가자들에게 보여주었다. 그런 다음 참가자들에게 180도 몸을 돌려 두번째 테이블을 마주한 뒤, 거기 놓인 한 벌의 카드들 중에서 방금 본 카드와 '같은' 카드를 고르라고 지시했다. 그들이 고를 수 있는 카드들 중 한 장은 표적 카드와 자기중심(좌우) 방위는 같지만 지구중심(남북) 방위가 다르게 배치된 반면, 또 한 장의 카드는 지구중심 방위는 같지만 자기중심 방위가 다르게 배치된 것이 특징이었다. 첼탈어 화자들은 압도적으로 표적과 **지구중심** 방위가 같은 카드를 선택한 반면, 네덜란드어 화자들은 압도적으로 표적과 **자기중심** 방위가 같은 카드를 선택했다. 레빈슨은 이를 포함한 기타 연구 결과를 기초로, 지구중심 언어의 화자들이 공간에 관해 생각하는 방식은 자기중심 언어의 화자들이 이용하는 방식과 근본적으로 다르다는 의견을 제시한다.

그러나 이 주장에는 문제가 없지 않다. 첫째로, 첼탈어 화자와 네덜란드어 화자의 대조적 수행은 그들이 이 맥락에서 무엇을 '같은 것'으로 간주하느냐에 관해 다른 가정을 했다고 추정하면 설명될 수 있다. 어쩌면 첼탈어 화자들은 표적을 지구중심 구조가 같은 카드와 짝지으라는 지시를 받았다고 가정한 반면, 네덜란드어 화자들은 표적을 자기중심 구조가 같은 카드와 짝지으라는 지시를 받았다고 가정했을지도 모른다. 첼탈어 화자들도 공간 관계에 관해 자기중심으로 생각할 수 있다는 증거가 있다는 점이 더 중요하다. 심리학자 페기 리(Peggy Li)와 애나 페이퍼프래구(Anna Papafragou)는 첼탈어 화자들에게 자기중심 추리를 통해서만 풀 수 있는 문제들을 제시하여 이 가능성을 실험했다. 이들은 참가자들이 이 문제들을 푸는 데에도 지구중심 추리가 필요한 문제를 푸는 데와 같은 만큼 능숙함을 발견했다. 첼탈어 화자들이 자기중심의 용어로 이야기하지는 않을 수 있지만, 그들도 자기중심으로 생각하기는 완벽하게 할 수 있는 듯하다.

이제 인간이 하는 생각의 또다른 핵심적 측면인 마음에 관한 생각으로 넘어가자. 마음에 관한 사고방식에는 공간에 관한 사고방식에 있는 것보다 문화적 편차가 더 많을 것임이 틀림없다. 예컨대 어떤 문화에서는 죽은 사람이 산 사람의 생각과 행동에 영향을 끼칠 수 있다고 여기는 반면, 현대 서구 사회에서 그것은 전형적인 가정이 아니다. 한 사람의 마음이 다른 사람의 마음에 영향을 끼칠 수 있는 경로에 대한 생각에도 문화적 편차가 있다. 현대 서구 사회에서는 일반적으로 모종의 지각되는 통로를 거쳐서(예컨대 상대에게 말을 건넴으로써)만 다른 누군가의 생각에 영향을 끼칠 수 있다고 가정하는 반면, 다른 문화에서는 일부 사람들에게 어떤 종류의 지각되는 접촉도 없이 다른 행위자의 마음에 영향을 끼칠 능력이 있다고 여긴다. 또 어떤 문화에서는 인간의 지각이 흔히 인정되는 오감의 통로에 국한되어 있다고 가정하는 반면, 다른 문화에서는 어떤 사람들이 초감각적 지각 능력을 가지고 있어서 평범한 지각이 미치는 범위 너머의 것을 '보기'도 하고 '듣기'도 할 수 있다고 인정한다. 그뿐 아니라, 개인의 감정적 반응이 다른 사람을 병들게 할 수 있다고 생각하는 문화도 있다. 예컨대 미크로네시아의 이팔룩 섬에서는 친척을 그리워하면 그 친척이 병들 수 있다고 믿는다.

서로 다른 문화의 구성원은 행위자와 환경의 관계에 관해 미묘하게 다른 식으로 생각하는 경향이 있다는 증거도 있다. 1970년대에 사회심리학자들은 대부분의 사람들이 인간의 행동은 그가 처한 환경의 우연한 특징에서 비롯된다는 의견에 비해 (그가 지닌 성격적 특징의 바탕이 되는) 기질적 특성의 발현이라는 의견을 과도하게 강조한다는 데 주목했다. 예컨대 사람들은 취업 면접이라는 맥락에서 누군가가 보이는 신경질적 행동을 그에게 신경질적 성향이 있다는 증거라고 가정하면서, 취업 면접이란 아무리 침착한 사람도 동요시키는 유난히 압박이 심한 환경이라는 사실을 간과하는 경향이 있다. 사람들이 특성에 기초한 행동 설명을 강조하고 환경 요인을 희생시키는 경향은 '근본적 귀인(歸因) 오류'라는 별명을 얻었을 만큼 너무도 확고하다. 그러나 최근의 연구는 이른바 '근본적 귀인 오류'가 근본적인 것과는 거리가 멀 수 있음을 시사해 왔다. 귀인 오류는 일반적 인간의 기질을 나타내는 것이 아니라, 개인의 자율성을 강조하는 사회에서 가장 두드러지고, 집단행동과 사회 규범에 대한 순종을 강조하는 문화에서는 훨씬 덜 확고한 것으로—심지어 아예 없는 것처럼—보인다.

그러므로 다른 문화의 구성원이 마음에 관해 생각하는 방식에는 약간의 차이가 있음에도 불구하고, 이 차이들은 배경의 범문화적 균일성에 대비되어 두드러지는 예외일 가능성이 높다. 우리가 아는 한, 인간은 어디서나 자신과 동료 피조물 모두의 행동을 믿음, 욕구, 의도, 지각, 정서, 기억, 상상에 호소하여 설명한다. 서로 다른 문화에 속한 아동들이 이 개념들을 습득하는 나이에는 어느 정도 편차가 있지만, (행동주의가 아닌) 심리주의의 범주에 대한 확고한 이해가 아동기가 끝날 때까지 정착되지 않는 사회를 찾아낸 사람은 아직까지 아무도 없다. 적어도 공간과 마음 상태에 관한 한, 생각의—사소한—문화적 차이들은 범문화적으로 균일한 더 일반적 틀에 대한 예외인 듯하다.

추론의 방식

'생각'을 떠나 '생각하기'로 넘어가자. 한 사회의 구성원들은 다른 사회의 구성원들과 근본적으로 다른 방식으로 추리할까? 그뿐 아니라 어떤 사회의 구성원들은 모종의 추론 방식들이 지닌 힘을 결코 파악하지 못할까?

인류학의 역사상 영향력 있는 여러 인물이 이 질문에 긍정적으로 답변해왔다. 프랑스의 인류학자 뤼시앵 레비브륄(Lucien Lévy-Brühl)은 1910년에 출간된 그의 책 『원시인의 사고방식Les fonctions mentales dans les sociétés inférieures』에서, 문자

이전의 사람들은 논리적 사고를 위한 소질이 거의 없다는, 그래서 그러한 사회의 구성원들은 '조금이라도 추상적인 추리를 연이어 뒤따르는 일에서는 미개했다'는 의견을 내놓았다. 1930년대에 러시아의 심리학자 알렉산더 루리아(Alexander Luria)는 우즈베키스탄에서 글을 모르는 일군의 농부들이 명제들 사이의 논리적 관계를 파악할 수 있는지 없는지를 조사하여 이 주장을 시험대에 올렸다. 그는 일련의 연구에서 농부들에게 북극에 있는 곰은 모두 하얗다고, 그리고 노바야제믈랴 제도는 북극에 있다고 말했다. 그런 다음 농부들에게 노바야제믈랴에 있는 곰들은 무슨 색이냐고 물었다. 적절히 추론한 농부는 30퍼센트 미만이었다. 어떤 농부들은 그 곰들이 무슨 색인지 자기는 모른다고 대답했다. 한 농부는 "당신은 그걸 봤으니 알 거 아뇨. 본 적도 없는 내가 그걸 무슨 수로 말하겠소?"라고 말했다고 전해진다. 반면에, 같은 사회에서 정식 학교 교육을 받은 구성원들은 아무 어려움 없이 루리아가 내는 추리 문제들을 풀었다.

루리아는 농부들의 추리 기술이 빈곤했다는 결론을 내린 다음, 추상적 추리를 숙달하려면 정식 학교 교육이 필요하다는 더 일반적인 결론을 이끌어냈다. 이제 공식적인 교습이 개인의 추상적 추리 능력을 길러준다는 생각은 확실히 매우 그럴 법해졌지만, 루리아의 연구들이 정식으로 학교 교육을 받지 않은 사람들은 추상적으로 추리할 능력이 없음을 보여주는 게 분명하다는 말과는 거리가 멀다.

루리아의 결과를 고려할 때 두 가지를 염두에 둘 필요가 있다. 첫째, 의식적인 생각은 지루하고 힘들며, 생소한 주제를 고려할 때는 특히 그러하다. 루리아가 면담한 농부들의 수행력이 그렇게 형편없었다는 사실은 제시된 논거를 파악하는 그들의 능력보다는 그들의 동기부여 수준—그들이 자신의 삶에 명백한 영향을 끼치지 않는 질문들에 노력을 쏟아야 할 이유를 어느 정도나 볼 수 있었을까—과 더 많은 관계가 있었을 것이다. 둘째, 제프리 로이드(Geoffrey Lloyd)가 지적했듯이, 대부분의 문화에서 사람들은 답을 모르는 문제에 대해서만 의문을 제기한다. 이에 비춰볼 때, 농부들은 루리아의 질문('노바야제믈랴에 있는 곰들은 무슨 색이냐?')이 루리아가 북극곰의 색깔을 모른다는 사실을 드러낸다고, 따라서 북극에 있는 곰은 모두 하얗다는 자신의 앞선 주장—형태가 보편적이어서 단정적으로 입증하기 어려운 주장—에 의구심을 제기하는 것이라고 받아들이지 않았을까 의심해볼 수도 있다. 그뿐 아니라, 농부들은 루리아의 주장을 순순히 인정하면 자기들이 만만하게 보일 거라고 걱정했을 수도 있다. 어쨌거나 그들이 직접 북극에 가본 적도 없었고, 루리아가 자신의 주장을 뒷받침할 증거를 제시한 적도 없는데, 어째서 그들이 그의 주장을 액면 그대로 받아들여야 한단 말인가? 문맹 사회의 추리에 대한 더 근래의 연구들에서는 참가자들에게 가상의 행성에서 일어나는 상황에 관한 추리를 시킴으로써 이같은 우려들을 처리하고자 했다. 이런 방식으로 문제를 제기하자 수행력이 향상되었다는 것은, '가설이 아닌' 문제에 대한 그들의 저조한 수행력이 위에 언급한 종류의 실제적 요인들로 설명될 수 있으며, '추상적' 또는 '맥락이 제거된' 생각을 하지 못하는 절대적 무능을 반영하지는 않는 것임을 시사한다.

근래 들어 인간의 추론에 대한 보편주의적 설명과 개별주의적 설명 사이의 논쟁은 문자 사회와 문맹 사회의 차이가 아닌 동서의 차이에 초점을 맞춰왔다. 심리학자 리처드 니스벳(Richard Nisbett)과 동료들은 여러 해 동안 동아시아인(일본인, 중국인, 한국인)의 사고방식과 서양인의 사고방식 사이에 확고한 차이가 있다고 주장해왔다. 니스벳과 동료들은 이 차이를, 동아시아인은 '전체론적으로' 생각하는 경향이 있는 반면, 서양인은 '분석적으로' 생각하는 경향이 있다는 말로 특징짓는다. 동아시아인은 전체론적으로 생각하고 서양인은 분석적으로 생각한다는 말이 무슨 뜻일까? 니스벳과 동료들에 따르면, 동아시아인은 상황의 맥락 측면에 더 많은 무게를 두는 반면, 서양인은 상황의 초점이 되는 요소에 집중하는 경향이 있고, 동아시아인은 대상들의 관계를 기준으로 대상을 분류하는 경향이 있는 반면, 서양인은 대상들이 속하는 공통 범주의 관점에서 대상을 분류하는 경향이 있으며, 동양인은 유사성을 기반으로 추리하는 반면, 서양인은 규칙을 기반으로 추리하는 경향이 있다.

니스벳과 동료들은 이 주장들을 지지하는 다양한 증거를 제공한다. 한 연구에서는 미국인 및 일본인 학생들에게 컬러 동영상으로 꾸민 여덟 편의 가설적 상황(그림 4의 흑백 삽화를 참조하라)을 보여주었다. 각 장면에는 초점이 되는 크고, 밝고, 빠르게 움직이는 물고기 형태의 대상 몇 가지와 돌멩이, 공기 방울, 천천히 움직이는 동물처럼 초점이 되지 않는 대상 몇 가지가 담겨 있었다. 잠깐 동안 장면을 제시한 뒤, 피험자들에게 자신이 무엇을 보았는지 알려달라고 했다.

미국인 학생도 일본인 학생도 대략 같은 수의 물고기를 언급했지만, 일본인 학생들은 배경 대상을 두 배쯤 많이 언급했다. 그뿐 아니라 일본인 학생들은 일반적으로 장면 전체를 묘사하는 말("연못처럼 보였어요")로 시작한 반면, 미국인 학생들은 일반적으로 초점 대상을 묘사하는 말("송어 같은데 큰 물고기가 왼쪽으로 움직였어요")로 시작했다.

또다른 연구에서는 대학생들에게 세 단어—예컨대 '판다(panda)' '원숭이' '바나나'—를 한 묶음으로 제시한 다음, 세 단어 가운데 어떤 두 단어가 가장 밀접하게 연관되느냐고 물

4. 동영상으로 꾸민 가설적 상황의 일례

었다. 일반적으로 미국인 학생들은 '판다'와 '원숭이'를 한데 묶어 이들이 대상이 속하는 공통 범주를 기반으로 대상을 범주화하는 쪽을 선호한다는 것을 암시한 반면, 동아시아인 학생들은 '원숭이'와 '바나나'를 한데 묶는 경향을 보여 이들이 관계를 기반으로 대상을 범주화하는 쪽을 선호한다는 것을 암시했다.

그다음 연구에서는 동아시아인 및 미국인 학생들의 귀납적 습관을 조사했다. 학생들에게 표적 대상이 아래쪽에, 두 묶음의 대상들이 위쪽에 담겨 있는 화면을 제시했다(그림 5). 그런 다음 표적 대상이 두 묶음의 대상들 중 어떤 묶음과 '가장 유사한가' 또는 어떤 묶음에 '속하는가'를 물었다.

이 질문에 답하는 방법에는 두 가지가 있다. '가족 유사성(family resemblance)' 접근법을 채택하는 사람은 표적을 왼쪽의 꽃들과 짝지을 것이다. 전체적으로 표적이 이 대상들과 공통점이 가장 많기 때문이다. 규칙 기반 접근법을 채택하는 사람은 표적을 오른쪽의 대상들과 짝지을 것이다. 표적이 이 대상들 모두와 공유하는 단순한 특징, 즉 곧은 줄기가 있다는 점 때문이다. 동아시아인 학생의 대다수는 가족 유사성을 기초로 표적 대상을 범주화한 반면, 유럽계 미국인의 대다수는 규칙을 기반으로 표적을 범주화했다. (흥미롭게도, 아시아계 미국인의 수행 경향은 동아시아인 학생의 수행 경향과 유럽계 미국인 학

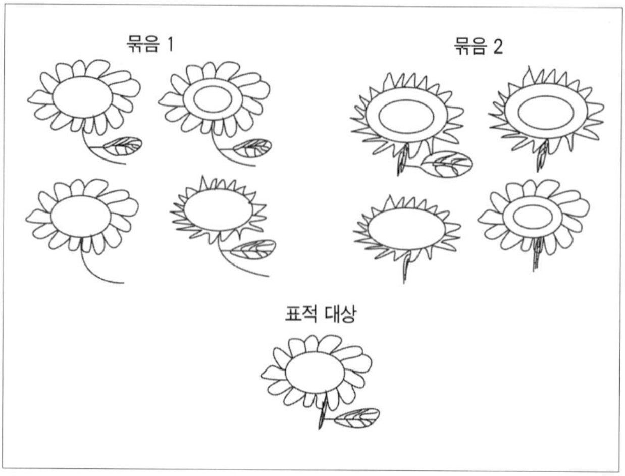

5. 가족 유사성 대 규칙 기반 범주화

생의 수행 경향 중간에 있었다.)

이 연구들은 확실히 생각을 불러일으키지만, 이것이 니스벳의 주장대로 동양인과 서양인은 '질적으로 다른 방식으로 추리한다'는 것을 보여줄까? 여기에는 주의할 근거들이 있다.

첫째, '동양적' 사고방식과 '서구적' 사고방식의 차이가 드러나는 때는 집단의 수행을 볼 때뿐이다. 많은 동아시아인 학생이 미국인 학생의 전형적 반응을 보여주고, 그 반대도 마찬가지다. 둘째, 개인의 수행이 전체론적인 정도와 과제의 종류 사이에는 상관관계가 거의 없다. 다시 말해, 많은 개인이 어떤 맥락에서는 '전체론적으로' 추리하지만 다른 맥락에서는 그렇게 추리하지 않는다. 이는 이 두 사고방식의 구분 자체에 문제의 소지가 있음을 시사한다. 셋째, 이 연구들은 학부생에게 초점을 맞추지만, 한 사회에 속한 학부생들의 사고방식이 그 사회 구성원 일반의 사고방식을 대표하지는 않을 것이다. 마지막으로, 동아시아인 학생의 추리 습관이 미국인 학생의 추리 습관과 다른 한, 이 차이는 고정된 것이 아니라 쉽게 뒤집히는 것으로 보인다. 미국인 학생이 언제든지 '원숭이'를 '바나나'와 짝지을 준비가 되어 있을 수 있는 것과 마찬가지로, 동아시아인 학생도 언제든지 '원숭이'를 '판다'와 짝지을 준비가 되어 있을 수 있고, 동아시아인 학생이 규칙을 기반으로 범주화하도록 유도할 수 있는 것과 마찬가지로, 미국인 학생도 가족 유사성을 기반으로 범주화하도록 유도할 수 있다. 다시 말해, 설령 동아시아인과 서양인이 다양한 인지 전략에 우선순위를 매기는 경향이 있다고 해도, 이들은 자유자재로 구사할 수 있는 한 묶음의 똑같은 추론 전략들을 가지고 있는 것으로 보인다. 이 장을 열며 인용한 짧은 글이 예시하듯이, 분명 분석적 논증은 중국의 사상사에서 미지의 것이 아니다.

언어와 사고

개별주의자와 보편주의자 사이 논쟁의 또 한 측면은 사고와 언어의 관계에 관한 것이다. 만일—많은 이론가들이 주장해왔듯이—생각의 구조가 언어의 구조에 의해 바뀐다면, 생각에서 문화적 차이를 예상할 명분이 생긴다. 사회마다 말하는 언어가 명백히 다르기 때문이다. 하지만 생각의 구조가 언어의 구조에 의해 바뀔까?

생각의 본성과 관련해 논란이 되는 문제는 많지만, 이 문제가 아마 무엇보다 뜨겁게 논란이 될 것이다. (앞 장에서 언급했듯이) 한 자연언어의 숙달에 생각을 변형시키는 효과가 있다는 점은 일반적으로 인정되지만, 언어들 사이의 차이가 생각의 구조와 관계가 있는지 없는지, 있다면 어떻게, 얼마나 있는지에 관해 일반적 합의가 있는 것은 결코 아니다. 어떤 이론가들은 언어가 생각에 미치는 효과가 깊고 근본적이라고 여기는 반면, 다른 이론가들은 생각에 관한 한 언어들 사이의 차이는 무시할 만하다고 주장한다. 많은 논쟁이 그렇듯, 진실은 십중팔구 중간의 어딘가에 있을 것이다.

언어의 구조적 특징들이 생각을 형성하는 데에서 중요한 역할을 한다는 주장은, 지난 세기 중반에 이 관점을 내세운 인류언어학자 벤저민 워프(Benjamin Whorf)를 기려 워프주의로 알려져 있다. 최근까지 인지과학 안에서는 워프주의를 그다지 호의적으로 바라보지 않았다. 한 가지 이유는 1960년대에 브렌트 벌린(Brent Berlin)과 폴 케이(Paul Kay)가 수행한 색 지각의 문화적 차이에 관한 연구에서 유래한다. 벌린과 케이는 언어마다 이용하는 색채어의 수에는 차이가 있지만, 색채어의 구조에는 범문화적 보편성이 있는 것으로 보인다고 주장했다. 어떤 언어에 색채어가 두 개뿐이라면 그 용어는 흑과 백을 가리킬 것이고, 세 개뿐이라면 세번째 용어는 어김없이 빨강을 가리킬 것이고, 세 개 이상이라면 추가되는 용어는 초록, 파랑, 노랑 가운데 하나일 것이다. 이는 만일 언어의 구조와 마음의 구조 사이에 영향이 있다면, 그것은 마음이 언어에 끼치는 것이지 언어가 마음에 끼치는 것은 아님을 암시한다.

이 주장은 생각이 언어와 독립적임을 보여주는 사례로 널리 받아들여졌지만, 지금은 그 반응을 다소 성급했던 것으로 본다. 우선, 최근의 증거는 색 지각이 언어의 영향에서 완전히 자유롭지는 않을지도 모름을 시사했다. 예컨대 연구 결과로 영어의 화자보다 러시아어의 화자가 밝은 파랑과 어두운 파랑의 차이를 더 뚜렷하게 지각한다는 사실을 알게 되었는데, 러시아어에서는 밝은 파랑과 어두운 파랑의 차이가 별개의 용어로 표시되는 반면, 영어에서는 두 색채 모두가 파랑의 명암으로 묘사되기 때문이다. 하지만 아마도 더 중요한 점은, 언어가 색 지각에 영향을 끼치지 않는다는 이유만으로 언어는 생각에 아무 영향도 끼치지 않는다고 결론짓는 것은 분명 실수라는 점일 것이다. 어쨌거나 만일 언어가 마음 구조에 영향을 끼친다면, 선험적으로 그 효과는 마음의 건축양식 중에서도 진화적으로 오래전에 생겨나 안정된 심적 과정보다는 더 근래에 생겨나 비교적 불안정한 심적 과정에서 발견될 가능성이 높다.

워프의 입장을 무시할 타당한 이유는 없을 수도 있지만, 옳다고 생각할 타당한 이유가 있을까? 언어의 구조가 화자의 생각을 형성할 수 있다고 생각할 한 가지 지표는 중국어-영어 이중언어자의 고정관념 표상에 관한 연구에서 나온다. 실험자들은 영어로는 한 단어('artistic'이나 'liberal' 등)로 포착되어 꼬리표를 달 수 있지만 중국어로는 그럴 수 없는 성격 묘사들과, 중국어로는 한 단어로 포착되어 꼬리표를 달 수 있지만 영어로는 그럴 수 없는 성격 묘사들을 모아 엮었다. 다음엔 참가자들에게 그 묘사들 가운데 몇 가지를 영어와 중국어 중 한 언어로 제시하고, 5일 뒤 그들이 읽었던 성격 유형에 관해 다양한 질문을 던졌다. 참가자들은 한 단어 묘사가 포함되지 않은 가설적 상황보다 포함된 가설적 상황에서 추론을 더 많이 하고 회상도 더 선명하게 하는 결과를 보여주었다. 다시 말해, 묘사를 어떤 언어로 읽느냐가 어떤 고정관념을 작동시키는 정도에 영향을 끼치는 듯하다.

언어가 생각에 영향을 끼친다는 증거는 수학적 인지의 연구에서도 나온다. 한 연구에서는 언어의 수 어휘가 아동의 수학 능력 습득 속도에 끼치는 영향을 탐구했다. 영어를 말하는 아이들은 중국어를 말하는 아이들보다 10에서 20까지 세는 법을 더 어렵게 배우는데, 왜냐하면 여기에 해당하는 중국어 수 단어가 영어보다 더 규칙적이기 때문이라고 주장되었다. (예컨대, 11을 가리키는 중국어 단어는 '열 그리고 하나'이다.) 다른 연구에서는 웨일스어-영어 이중언어자 아동이 웨일스어로 계산할 때보다 영어로 계산할 때 수행 수준이 더 높다는 게 밝혀졌고, 이는 아마도 웨일스어의 수 단어가 영어의 수 단어보다 훨씬 더 길다는 사실로 설명될 것이다.

하지만 언어가 수학적 사고에 끼치는 영향력을 가장 근본적으로 좌우하는 것은 어떤 언어의 어휘가 얼마나 풍부한가

일 것이다. 앞 장에서 언급했듯이 인간 말고도 많은 종이 대략적으로 수학적 관계를 표상할 수 있으므로, 이 능력이 수학적 어휘가 빈곤한 사회에도 존재한다는 것은 놀랍지 않다. 더 놀라운 것은 그러한 언어의 화자들이 수치 관계를 정확하게 생각할 능력도 거의 없는 것 같다는 점이다. 아마존의 부족 피다한(Pirahã)과 문두루쿠(Mundurukú)의 언어 연구에서 이를 뒷받침하는 증거가 나온다. 문두루쿠어에는 5보다 큰 정수를 위한 어휘가 없고, 피다한어에는 숫자 1이나 2를 위한 어휘조차 없는 듯하다. 이렇듯 언어에 수 어휘가 부족하면 덩달아 수학적 관계를 파악하는 능력도 놀랍도록 빈곤해지는 듯하다. 이를테면 문두루쿠어 화자들은 여섯에서 넷을 빼면 둘이 남는지, 하나가 남는지, 아니면 아무것도 남지 않는지를 구분하지 못하는 듯하다. 데이터는 아직 다소 의심스럽지만, 이 연구는 수학적 관계를 정확히 추리할 수 있으려면 수 단어를 숙달해야 한다는 암시를 준다.

그래서 우리는 이제 어디에 있을까? (보편주의자들의 주장대로) 인간의 생각은 언제 어디서든 기본적으로 같은 것일까, 아니면 (개별주의자들의 논지대로) 생각의 본성은 중요한 여러 면에서 문화적 맥락에 따라 다른 것일까?

답은 채택하는 관점에 달려 있다. 보편주의적 설명이 가장 그럴 법해 보이는 때는 우리의 기본적 인지 능력, 예컨대 명제들 사이의 논리적 관계를 이해하는 능력이나 대상을 서로의 관계나 공통 범주를 바탕으로 분류하는 능력을 고려할 때다. 사람들이 이용할 **가능성**이 가장 높은 추론 방식에도 사회에 따라 편차가 있다는 증거가 있지만, 한 사회의 구성원들이 다른 사회 구성원은 이해할 수 없는 추론 방식을 이용한다는 증거는 거의 없다.

반면에 사회마다 구성원들이 실제적으로 접근할 수 있는 생각의 범위가 다르다는 것만은 거의 틀림없다. 방금 언급했듯이 어떤 사회에 수 단어가 있느냐 없느냐가 사회 구성원의 수학 능력에 근본적인 영향을 끼칠 수 있지만, 단어가 생각의 한계를 연장하는 유일한 도구인 것은 아니다. 인간의 생각은 다방면에서 보조를 받기 때문이다. 문화적으로 전해지는 관습, 이를테면 집단의 구성원을 헤아리기 위해 손가락을 쓰는 습관에 의해 보조를 받기도 하고, 명단을 외우기 위해 머릿속으로 자기 집의 방마다 구성원을 한 명씩 넣어보는 연습에 의해 보조를 받기도 한다. 학교, 과학계, 출판사와 같은 사회기관에 의해서도 보조를 받는다. 그뿐 아니라 육분의, 계산자, 스마트폰과 같은 다양한 종류의 인공물에 의해서도 보조를 받는다. 따라서 설령 인간의 기초적 인지 능력은 기본적으로 배경에 따라 바뀌지 않는다 할지라도, 한 사회의 구성원이 언제라도 이용할 수 있는 생각들은 다른 사회의 구성원이 이용할 수 있는 생각들과 근본적으로 다를 수 있다. 개인이 접근할 수 있는 인지 공간의 영역은 개인의 기초적 인지 능력뿐만 아니라 그 능력을 보조하는 방식에도 의존하고, 생각을 보조하는 방식이 어디서나 똑같은 것은 아니기 때문이다.

제 6 장

잘못된 생각

'어떻게 수학자인 자네가 외계인이 자네에게 메시지를 보내고 있다는 허황한 얘기를 믿을 수가 있단 말인가?' '왜냐하면 초자연적 존재에 대한 착상이든 수학적 착상이든 내게 떠오를 때는 똑같은 길을 오기 때문이지.'

—실비아 네이사(Sylvia Nasar), 『뷰티풀 마인드』

다른 신체 기관과 마찬가지로, 생각의 기관도 망가져서 제구실을 못할 수 있다. 그러한 고장의 흔한 결과가 망상—생각의 병—이다. 망상을 알아보기는 쉬운 편이지만, 망상의 종류를 규정하기는 쉽지 않다. 미국심리학회는 망상을 '다른 모든 사람이 믿거나 논쟁의 여지가 없거나 명백한 반대 증거로 여겨지는 것과 상관없이 확고하게 지속되는, 외부 현실에 관한 부정확한 추론에 기초한 잘못된 믿음'으로 정의한다. 이 정의는 문제의 소지가 많지만—망상은 '외부 현실'에 관한 것일 필요도 없고, 잘못된 것일 필요도 없다—망상의 본질적 특징, 다시 말해 망상적 사고는 '현실과 단절되게' 된다는 점만은 정확히 포착하고 있다.

망상은 생각에 관심이 많은 사람에게 많은 생각거리를 제공한다. 어떤 종류의 생각이 망상일까? 망상이 어떻게 설명될까? 그리고 망상이 생각의 구조에 관해 알려줄 수 있는 것이 있다면 그것은 무엇일까? 이 장에서 이 질문들에 자세한 답을 제공할 수는 없지만, 답의 일부가 있을 만한 곳은 가리킬 것이다.

망상의 본성

망상은 다양한 형태를 띨 수 있다. 어떤 망상 환자들은 **단일주제 망상**(monothematic delusion)을 겪는데, 그렇게 부르는 이유는 환자의 망상이 한 가지 주제로 한정되기 때문이다. 많은 단일주제 망상은 내용이 기묘한 게 특징이다. 예컨대 카그라 망상(Capgras delusion)은 가까운 누군가(전형적으로 가족의 일원)를 본인이 주장하는 사람이 아니라 사기꾼이라고 생각하는 게 특징이다. 코타르 망상(Cotard delusion)은 자기 몸의 일부가 썩어가고 있다고 확신하거나 (극단적인 경우) 자신이 죽었다고 생각하는 게 특징이다. 조현병의 '일급' 증상들 중에는 다른 행위자가 자신의 행동을 조종하고 있다는 망상(외계인 조종 망상)이나 다른 행위자가 자신의 마음속으로 생각을 주입하고 있다는 망상(생각 주입 망상) 등이 있다. 그 밖에 배우자가 부정하다는 확신, 또는 이웃이나 정부가 자신을 괴롭히고 있다는 확신처럼 비교적 평범한 생각도 단일주제 망상과 연관된다. 이 생각들이 망상의 자격을 얻는 이유는 내용이 공상적이어서가 아니라—어쨌거나 배우자가 실제로 부정할 수도 있고, 알다시피 여러 정부가 시민들을 괴롭혀왔으니까—그 생각의 강도와 확신이 그 사람이 손에 넣을 수 있는 증거와 상응하지 않기 때문이다.

단일주제 망상은 **다수주제 망상**(polythematic delusion), 즉 하나의 주제로 한정되는 것이 아니라 폭넓은 주제를 아우르는 망상과 대비될 수 있다. 독일 고등법원 판사 다니엘 슈레버(Daniel Schreber)의 이야기가 다수주제 망상의 고전적 일례를 제공한다. 슈레버의 그물처럼 얽힌 망상적 믿음에는 신이 자신을 여자로 바꿔가고 있으며, 광선을 내려보내 자신에게 기적을 행하는가 하면, 작은 사람들을 보내 자신을 고문하기도 한다는 확신이 포함되어 있었다. 다수주제 망상의 더 최근 일례에 들어가는 프린스턴 대학의 수학자 존 내시(John Nash)의 얽히고설킨 망상적 사고에는 자신이 남극의 황제이자 신의 왼발이며, 외계인들이 『뉴욕 타임스』를 통해 자신에게 암호화된 메시지를 보내고 있고, 빨간 넥타이를 맨 사람은 모두 비밀 국제 공산당 조직의 일원이라는 확신이 들어 있었다.

망상도 생각이지만, 어떤 종류의 생각일까? 망상의 내용과 태도 모두 궁금증을 불러일으킨다. 내용에 관한 궁금증에서 시작하자.

어떤 경우(예컨대 피해망상)는 망상의 내용이 상당히 분명하다. 정부 요원이 자기를 쫓고 있다고 말하는 누군가는 아마 단순히 자기가 하는 말의 내용을 믿을 것이다. 하지만 다른 경우는 망상의 내용이—만일 있다면—무엇일지 알기 어렵다. 자신이 신의 왼발이라는 존 내시의 주장을 생각해보라. 그러한 주장이 정확히 무엇을 의미할까? 뭔가를 대신하는 은유일까? 만일 그렇다면, 무엇을? 아니면 자기 어머니가 안경을 쓸 때마다 딴 사람으로 바뀐다고 믿었던 환자의 주장을 생각해보라. 역시, 그러한 주장의 바탕이 되는 생각의 정확한 내용은 분명한 것과 거리가 멀다. 그러한 주장에 **모종**의 의미를 결부시킬 수도 있겠지만, 우리의 지적 능력에는 한계가 있다. 망상적 발언은 어떤 경우는 내용이 매우 모호한 생각을 전달하려는 시도일 수 있지만, 다른 경우는 바탕에 생각이 아예 없는 공허한 발화 행위일 수도 있다.

망상의 태도 성분은 어떨까? 망상은 어떤 종류의 생각일까? 망상은 믿음이라는 게 표준적인 답이다. 그러나 심리학자들은 망상을 '억견(臆見)'(doxa, 믿음 또는 의견을 가리키는 그리스어 단어)으로 이해하는 것에 오래전부터 의구심을 품어왔다. 억견 설명은 다양한 면에서 문제가 되지만, 망상이 믿음이라면 일으키리라 예상되는 종류의 행동 반응 및 감정 반응을 일으키지 않는 경우가 흔하다는 점이 아마도 가장 심각한 반대 이유일 것이다. 스위스의 심리학자 오이겐 블로일러(Eugen Bleuler)가 언급했듯이, 망상 환자가 마치 자신의 망상적 발언을 '상징으로만' 이해하는 듯 행동하는 것은 드문 일이 아니다. 예컨대 자기가 나폴레옹이라고 주장하는 환자가 잠자리로 가라는 명령을 아주 기꺼이 따를 수도 있다.

하지만 망상이 믿음이 아니라면 대체 무엇일까? 망상은 일종의 어중간한 마음 상태라는 의견도 가끔씩 제시되어왔다. 어쩌면 자신이 나폴레옹이라고 주장하는 환자는 자신이 나폴레옹이라고 정말로 믿는 게 아니라, 일종의 공상에 잠겨 있는 것—단지 나폴레옹인 척 **가장**하고 있는 것—인지도 모른다는 말이다. 이 발상은 어떻게 이해해야 할까?

일부 망상이 공상의 행위에서 **비롯될**지 모른다는 점은 물론 인정해야 한다. 예컨대 질투형 망상의 발병은 배우자가 바람을 피우고 있다는 '단순한 생각'에서 시작될지 모른다. 이 시점에는 환자가 그 착상에 신빙성을 결부시키지 않을지도 모른다. 말하자면, 의심을 품었을 뿐이다. 하지만 망상이 어중간한 마음 상태에서 비롯될지 모른다는 말이 그 상태가 계속 유지될 거라는 말은 아니다. 그 사람에게 일단 일어난 생각은 자체가 살아 있는 가능성으로 마음에 박혀서, 시간이 가면 '다른 모든 사람이 믿는 것과 상관없이 확고하게 지속되는' 견고한 확신으로 진화할지도 모르기 때문이다.

물론 어떤 망상은 믿음의 성격을 띤다. 코타르 망상에 이름을 빌려준 정신과의사 쥘 코타르(Jules Cotard)는 환자 한 명이 자기가 죽었다고 주장했을 뿐만 아니라 관에 누워서 묻어달라고 요구하기까지 했다고 보고했다. 마찬가지로, 알려졌듯이 카그라 망상 환자가 가족의 일원을 향해 공격적으로 행동하는 이유는 환자가 문제의 상대를 본인이 주장하는 사람이 아니라고 믿기 때문이다. 실제로 망상은 치명적인 결과를 낳을 수 있다. 한 사례에서 어떤 남자는 자기 머리가 둘이라는 망상을 하게 되었는데, 둘 중 하나는 죽은 아내의 부인과의사의 머리라고 생각했다. 그 환자가 정신과의사의 주의를 끌게 된 이유는 '두번째' 머리를 없애려다 실패한 결과로 총상을 입어 입원했기 때문이다. 사람의 행동이 믿음을 보여주는 길잡이라면, 이 환자가 정말로 자기 머리를 둘이라고 믿었다는 데에는 의심의 여지가 없는 듯하다.

망상 설명하기

생각의 분류학도 없는 우리가 망상을 어떻게 수용하느냐는 의문에서 떠나, 망상을 어떻게 설명하느냐는 의문으로 넘어가자. 어째서 누군가는 반대되는 온갖 명백한 증거를 앞에 두고도 이웃이 자기를 괴롭히고 있다거나, 아내가 사기꾼으로 바뀌었다거나, 신이 자기 머리에 생각을 심고 있다고 믿을 수가 있을까?

생각에 대해 내놓을 만한 설명은 두 종류로 구분할 수 있다. 우선 누군가가 특정한 생각을 하는 이유에 대해 냉혹하게 인과적인(또는 '생리적인') 설명을 내놓을 수 있다. 망상의 경우에 적용한다면, 그 사람이 모종의 뇌 손상을 겪었다는 사실에 호소하거나, 어떤 신경전달물질의 수준이 비정상이라는 사실을 가리킴으로써 망상의 발생을 설명할지도 모른다. 신경정신의학이 일정한 유형의 망상에 대해 이런 종류의 설명들—예컨대 망상은 오른쪽 전두엽 손상과 연관된다는 증거가 있고, 조현병에서 비롯되는 일부 망상은 도파민 수준의 이상과 연관될 것이라는 증거도 있다—을 스케치하기 시작하고 있다. 비록 망상을 인과적으로 완전히 이해하려면 아직도

갈 길이 멀지만 말이다.

순전히 인과적인 생각의 설명은 '이론적 설명'—생각이 떠오른 게 행위자의 관점에서 이해되도록 하는 설명—과 대비될 수 있다. 이론적 설명은 단지 관련 망상의 **원인**(cause)을 설명하는 게 아니라 **이유**(reason)를 제공하여 문제의 개인이 어째서 그 생각을 그토록 강력하게 느끼는지를 이해할 수 있게 해줄 것이다. 망상을 이론적으로 설명해주는 게 가능할까?

정신의학사에서 영향력 있는 목소리들이 이 문제에 대한 답은 '아니다'일지 모른다는 의견을 비쳐왔다. 정신의학자 카를 야스퍼스(Karl Jaspers)는 기념비적 저서 『정신병리학 총론 Allgemeine Psychopathologie』에서, '같은 정신생활이라도 우리가 직관하고 이해할 수 있는 유형과, 진정으로 왜곡되어 있고 정신분열적이어서 이해할 수 없는 독자적 유형'에는 근본적 차이가 있다고 주장했다. 야스퍼스의 주장은 진지하게 받아들일 타당한 이유가 있다. 어쨌거나, 생각을 언제나 이해할 수 있는 것으로 만들 수 있는지는 분명치 않다. 어쩌면 어떤 생각들은 순전히 인과적 또는 '생리적' 측면에서만 설명할 수 있을 것이다. 그럼에도 불구하고, 설령 망상에 이론적 설명을 제공할 수 있다는 보장은 없다 해도, 우리가 그러한 설명을 추구할 이유는 충분하다. 첫째로, 망상의 이론적 설명이 믿음의 망상적 형태와 비망상적 형태 사이에 다리를 놓아줄지도 모르고,

그러면 우리는 망상적 생각을 '평범한' 형태의 생각과 질적으로 구분되는 뭔가가 아니라, 연속선상에 있는 생각으로 묘사할 수 있을 것이다.

그래서 망상의 이론적 설명은 도대체 어떤 모습일까? 도대체 어떤 종류의 심리적 과정들 때문에 사람들이 '논쟁의 여지가 없거나 명백한 반대 증거로 여겨지는 것과 상관없이' 믿음을 형성하게 될까?

한 가지 가능성은 동기부여 과정에서 일정한 망상들의 기초가 놓인다는 것이다. 우리는 동기 요인이 믿음 형성에 근본적 영향을 끼칠 수 있다는 것을 확실히 알고 있다. 동기 요인은 우리가 찾는 증거의 종류에 영향을 끼칠 뿐만 아니라, 우리가 가진 증거를 평가하는 방식에도 영향을 끼친다. 자기기만의 현상에서 그러한 요인들의 효과가 보인다. 그러나 보통, 우리 대부분은 자기기만의 경향을 억누를 수 있다. 어쩌면 망상—또는 적어도 일정한 유형의 망상들—은 이 점검이 제거될 때 일어나는지도 모른다.

동기 요인이 **일부** 망상의 형성에서 한몫을 하는 것은 분명하다. 동기 요인이 가장 명백하게 작동하는 듯한 망상은 클레랑보의 망상(Clerambault's delusion)으로도 알려진 색정광(erotomania)형 망상으로, 환자는 사회적 지위가 더 높은 누군가가 몰래 자기를 사랑하고 있다고 확신한다. 다소 덜 명백하기는 하지만, 동기 요인은 피해망상을 설명하는 데에도 한몫을 할 것이다. 정신의학자 리처드 벤털(Richard Bentall)과 동료들이 피해망상의 동기부여 기반 설명을 전개해왔다. 영향력 있는 이 설명에 따르면, 환자에게 피해망상이 생기는 이유는 지각되는 위협에서 자기기만을 보호하기 위해서다. 이 설명의 배경에는 한 사건을 설명할 수 있는 두 가지 방식의 차이가 연관된다. 사건을 **외현화하는**(externalizing) 설명은 외적 또는 상황적 요인의 영향에 호소한다. 예컨대 취직하지 못한 이유를 면접 과정이 불공평했다는 추정으로 설명할지도 모른다. 반면에 **내재화하는**(internalizing) 설명은 자신의 자질과 특성에 대한 호소를 수반한다. 예컨대 취직하지 못한 이유를 자기가 그럴 만한 자격이 없어서라는 추정으로 설명할지도 모른다. 이 구분이 피해망상의 설명과 어떤 관계가 있을까? 발상은 이렇다. 설명할 필요가 있는 사건과 맞닥뜨렸을 때, 쉽게 자기기만에 빠지는 누군가는 외현화하는 설명('운명이 적과 공모했다')을 채택하는 쪽으로 강하게 기울고, 이미 허약해진 자부심을 위협할지도 모르는 내재화하는 설명('내가 충분히 훌륭하지 못했다')은 간과할 것이다. 극단으로 가면, 그러한 경향이 어떻게 결국은 피해망상을 형성하는지 볼 수 있다. 이 설명이 이론적 설명의 자격을 얻는 이유는 피해망상을 증거에 기반을 둔 것으로 묘사하기 때문이 아니라, 피해망상의 기초가 익숙하고 이해 가능한 심리적 충동—외적 위협에서 자기기만을 보호하려는 충동—에 있다고 보기 때문이다.

피해망상에 대해서는 방금 윤곽을 그린 종류의 이론적 설명을 제공할 수 있을지도 모르지만, 동기 요인과 무관한 듯한 망상도 많이 있다. 망상을 설명할 때 다른 어떤 종류의 이론적 설명에 호소하면 좋을까?

미국의 정신의학자 브렌던 마허(Brendan Maher)는 망상을 환자가 일정한 종류의 경험적 이례에 질서와 의미를 부여하기 위해 구축하는 '이론'으로 여길 수 있다는 의견을 내놓았다. 실은, 이례적 경험이 망상을 일으킬지 모르는 방식에도 두 가지가 있다. 망상에 이르는 한 가지 경험적 추진력은 '망상적 기분(delusional mood)'이라는 별명으로 불려온 것을 연관시킨다. 정신의학자 카를 야스퍼스는 '몽롱한 망상적 경험과 장황하고 수수께끼 같은 자기언급이 어렴풋이 확고해진 상태'를 묘사하고 이를 '일차적 망상(primary delusion)'이라 불렀다. 망상적 기분의 징후가 있는 어떤 환자는 한 대상—테이블, 발언, 꽃병에 꽂힌 꽃들의 배열—을 그것이 실제로 지니지 않은 개인적 중요도를 지닌 것으로 경험할지도 모른다. 망상적 기분의 징후가 있는 다른 환자는 더이상 모든 것의 의미를 파악할 수 없다고 불평할 수도 있다. 자신이 세상에서 소외된 느낌이라거나 대상들 사이의 관계를 이해할 수 없다고 말할지도 모른다. 이 경험들—환자들이 분명히 표현하는 데 애를 먹곤 하는 내용—은 다수주제 망상을 일으킬 수 있다. 환자가 경험적 혼돈을 앞에 두고 어떤 의미를 찾으려 하기 때문이다.

다수주제 망상은 흔히 포괄적인 망상적 기분에 기초하는 것으로 보이는 반면, 단일주제 망상은 특정한 종류의 이례적 경험에 기초할 수 있다. 이 접근법을 보여주는 최고의 예가 바로 신경심리학자 헤이든 엘리스(Hayden Ellis)와 앤드루 영(Andrew Young)의 노고로 얻어진 카그라 망상에 대한 설명이다. 엘리스와 영은 잘 확립된 얼굴 처리 모형에서 출발한다. 이 모형에 따르면 시각계는 두 경로를 사용해 얼굴에 관한 정보를 처리하는데, '의미' 경로는 해당 얼굴의 정체성에 관한 정보를 생성하고, 정서 경로는 친숙한 얼굴에 대한 감정적 반응—이른바 '친숙하다는 느낌'—을 생성한다. 엘리스와 영은 정서 경로 손상이 카그라 망상의 원인이라는 가설을 세웠다. 환자는 가족의 얼굴을 알아볼 수 있지만, 이 재인(再認)에는 친숙함이라는 정상적 느낌이 따르지 않는다. 환자는 이 이례를 설명하기 위해 자기가 보고 있는 사람이 상대가 주장하는 가족의 일원이 아니라 사기꾼이라는 믿음을 형성한다. 카그라 환자의 경우 친숙한 얼굴에 대한 생리적 반응이 이상하게 저조하다는 연구 결과가 이 모형의 타당성을 입증했다.

그럴듯한 경험 기반의 설명이 있는 또다른 망상은 외계인 조종 망상, 즉 환자가 자기 행동이 외계 세력의 조종을 받는다고 믿는 망상이다. 이에 대해 심리학자 크리스 프리스(Chris Frith)와 동료들이 전개해온 설명은 다음과 같이 진행된다. 정상 뇌에서는 자기가 유발한 운동이 필연적으로 한 모형을 작동시켜서 그 모형이 운동계로 하여금 자기가 한 행동이 감각에 미치는 효과를, 예컨대 손을 움직이면 어떤 느낌일지를 예측하게 해준다. 이 예측의 결과로 자기가 한 행동이 감각에 미치는 효과는 약해지므로, 자기가 유발하는 감각은 다른 사람이나 사물이 내 손을 움직여서 유발하는 감각보다 강도가 떨어진다. (그래서 자기를 간질이기가 어려운 것이다.) 그러나 외계 조종 망상을 겪는 사람들은 이 모형에 결함이 있다는 증거가 있다. 이러한 사람들은 자기 행동이 유발하는 감각도 다른 사람의 행동이 유발하는 감각에 못지않은 강도로 경험하기 때문이다. (이 설명에 따르면 외계 조종 망상을 겪는 환자는 자기를 간질일 수 있으리라 예측되고, 이는 사실로 드러난다.) 이 모두가 어떻게 외계 조종 망상을 설명한다는 걸까? 환자 자신의 행동이 감각에 미치는 효과가 정상적인 방식으로 약해지지 않기 때문에, 그러한 행동은 외부 힘의 조종을 받는 것처럼 느껴진다. 그렇다면 환자들이 다른 행위자가 자기 행동을 **실제로** 조종한다는 믿음을 형성해도 이상할 게 없다. 이 믿음 덕택에 기괴하고 심히 당황스러운 경험이 어떤 식으로든 이해되는 듯하기 때문이다.

경험에서 믿음으로

이례적 경험이 몇 가지 망상을 형성하는 데서 중요한 역할을 하는 것으로 보이기는 하지만, 망상을 충분히 설명하려면 경험적 이례를 넘어서 가야 한다고 생각할 이유가 있다. 첫째로, 기초가 모종의 이례적 경험에 있는 것처럼 보이지 않는—나는 신의 왼발이라는 믿음과 같은—망상도 많이 있다. 게다가 망상의 기초가 **실제로** 이례적 경험에 있는 때조차도, 경험의 내용과 경험이 유발하는 망상의 내용 사이에는 어김없이 모종의 간극이 있다. 아내를 볼 때 낯설다는 경험을 하는 것과 아내가 사기꾼으로 바뀌었다고 믿는 것은 전혀 다른 문제라는 말이다. 환자가 자신의 이상한 경험을 자기 방식('아내가 사기꾼이다')으로 설명하고 친구, 가족, 의료진이 내놓는 겉보기에 더 그럴듯한 설명('당신이 겪은 뇌졸중 때문에 당신의 시각계가 손상되었다')을 거부하는 이유를 설명할 필요가 있다. 경험적 요인 말고 어떤 종류의 요인이 망상을 설명하는 데 기여할까?

가능한 요인으로 논의되어온 발상이 하나 있다. 감각상의 증거가 배경 믿음과 모순되는 상황을 생각해보라. 예컨대 모든 오리가 헤엄칠 수 있다고 믿고 있다가, 오리처럼 보이는데 헤엄칠 줄 모르는 놈을 마주치고 말았다. 어쩌면 좋을까? 모든 오리가 헤엄칠 수 있다는 믿음을 포기해야 할까 아니면 내 감각이 (때때로 그렇듯) 기만하고 있다는 결론을 내린 다음, 비록 문제의 동물이 오리처럼 보이기는 하지만 그 놈은 오리가 아니라고 생각해야 할까? 감각상의 증거를 배경의 믿음과 화해시키는 데에서 채택해야 하는 일반 전략 따위는 없다. 어떤 상황에서는 감각의 증언을 받아들여 기존의 믿음을 바꿔야 하고, 다른 상황에서는 배경 믿음을 유지한 채 감각이 자신을 기만하고 있다는 결론을 내려야 하며, 또다른 상황에서는 정보가 더 생길 때까지 판단을 보류하는 편이 적절할지도 모른다(32쪽을 보라).

이 쟁점이 망상의 설명과 무슨 관계가 있을까? 토니 스톤(Tony Stone)과 앤드루 영은 망상 환자들에게 배경 믿음을 희생시키고 '관찰에 따른 증거'에 우선권을 주는 일반적 편향이 있을지 모른다는 의견을 제시했다. 망상에 빠지지 않는 사람은 망상에 빠지는 사람이 마주하는 종류의 이상한 경험을 마주했을 때 감각이 자신을 기만하고 있다는 결론을 내릴 수도 있는 반면, 망상에 빠지는 사람은 경험을 액면 그대로 받아들이는 경향이 있어서 망상에 빠지지 않는 사람보다 더 기꺼이 배경 믿음을 수정한다는 것이다.

또다른 후보 요인은 믿음 형성 분야에서 '속단(jumping-to-conclusion)' 편향이라 불려온 것과 연관된다. 어떤 믿음 형성 연구에서는 참가자들에게 두 개의 단지 A와 B를 제시한다. 단지마다 색깔 있는 구슬이 일정 비율로 담겨 있다. 예컨대 단지 A에는 푸른 구슬 두 개당 붉은 구슬 일곱 개가 담겨 있는 반면, 단지 B에는 붉은 구슬 두 개당 푸른 구슬 일곱 개가 담겨 있을지도 모른다. 다음엔 참가자들에게 단지에서 꺼내지고 있다고 추정되는 구슬들(어떤 구슬을 선택하느냐는 사실 실험자가 결정한다)을 보여준 뒤, 구슬들이 어느 단지에서 꺼내지고 있는지 추측하라고 지시한다. 연구 결과로, 망상에 빠지는 사람들이 전형적으로 더 빨리 추측하고 자신의 추측을 더 확신한다는 게 밝혀졌다. 다시 말해, 망상에 빠지는 사람들은 '속단'을 하는 듯하다. 망상에 빠지지 않는 사람들이 전형적으로 요구하는 것보다 적은 증거에 입각해 가설을 기꺼이 받아들이는 것처럼 보인다는 말이다.

이 제안된 '둘째 요인'들 중 어느 쪽도 문제가 없지는 않다. 만일 망상에 빠지는 사람들에게 배경 믿음보다 관찰에 따른 증거에 우선권을 주고 싶어하는 일반적 편향이 있다면, 이들은 허구한 날 지각적 착각에 사로잡히리라 예상되는데, 정말로 그렇다는 증거는 없다. 그리고 만일 망상이 속단 편향에 의해 설명된다면, 어째서 망상 환자가 망상에 반대되는 증거를 제시받았을 때 망상인 믿음에서 망상이 아닌 믿음으로는 건너뛰지 않을까? 속단 제안이 어쨌든 그럴듯하려면 적어도 '망상 영속성'—망상이 흔히 반대 증거에도 꿈쩍하지 않는다는 사실—에 대한 설명을 보충할 필요가 있을 것이다.

그럴듯한 '둘째 요인'을 찾는 일이 그토록 도전적인 과제로 입증된 것은 놀랄 일이 아닐 것이다. 문제가 제기되는 측면들 자체가 조작의 여지를 거의 제공하지 않기 때문이다. 무슨 말이냐면, 한편으로는 구하는 둘째 요인이 (선택된 영역의 믿음에만 적용되는 것이 아니라) 일반적인 믿음 형성을 특징지어야 한다. 믿음 형성이란 본래 전인적인 사업이기 때문이다. 하지만 만일 둘째 요인이 영역 일반에 적용된다면, 그것의 효과도 환자의 믿음 전체를 통해 드러나리라 예상된다. 다시 말해, 환자가 온갖 종류의 주제에 관해 망상에 빠지리라 예상된다. 그러나 단일주제 망상은 정의에 의해 특정한 주제로 국한된다. 단일주제 망상 환자들의 믿음은 다수주제 망상 환자들의 믿음과 달리, 일반적으로는 특별할 게 없다는 말이다. 그렇다면 그런 면에서, 우리가 단일주제 망상의 이론적 설명을 제공하는 데에서 직면하는 도전은 다수주제 망상이 제기하는 도전보다 더 심각할 것이다.

망상에서 배우기

망상의 연구가 일반적인 생각의 본성에 관해서는 무엇을 가르쳐줄까? 앞서 말한 내용에서 드러나는 한 가지 교훈은 우리의 평범한 '통속심리학적' 생각의 개념 안에서 망상을 수용하는 일이 제기하는 도전과 관계가 있다. 언급했듯이, 망상의 태도에 관해서도 내용에 관해서도 정당한 의문들을 제기할 수 있다. 여기서 걱정은 단지 망상의 내용이 무엇인지 확인하거나 그 사람이 그 내용에 대해 지니는 태도가 어떤 종류인지 확인하는 일이 아니다. 오히려 걱정은 정확히 어떤 태도나 내용이 어떤 망상을 특징짓는가에 관한 엄정한 사실이 없으리라는 점이다. 하지만 우리의 통속심리학적 생각의 개념—우리가 가진 유일한 생각의 개념—은 생각에 확실한 내용과 태도가 있을 것을 요구한다. 어떤 망상들을 수용하려면 이 틀을 근본적으로 수정해야 할 수도 있다.

이끌려나오는 둘째 교훈은 망상을 설명하는 일이 제기하는 도전과 관계가 있다. 동기 및 경험 요인이 일정 유형의 망상들을 형성하는 데서 한몫하는 것으로 보이지만, 망상의 발생을 완전히 설명하려면 아직도 갈 길이 멀다. 문제의 대부분은 우리에게 병적이지 않은 믿음 형성의 좋은 모형이 없다는 사실에서 비롯된다. 우리는 믿음이 형성되려면 세계에 대한 배경 지식과 지각을 통한 입력이 상호작용해야 함을 알지만, 이 상호작용의 본성에 관해서는 아는 것이 매우 적다. 예컨대 이 상호작용 안에 함축되는 과정들이 영역 일반에 적용되는지 아니면 특수 영역에만 적용되는지도 모르고, 그러한 과정들이 어떻게 지각 데이터를 이해할 필요성과 배경 사정을 감안할 필요성을 저울질하는지도 모른다. 정상적 믿음 형성에 관해 아는 게 워낙 적기 때문에, 그것이 잘못될 수 있는 경로에 대해서도 아는 게 거의 없다.

마지막으로 한 가지를 돌아보며 이 장을 마무리하자. 존 내시는 망상적 사고의 근거에 관한 질문을 받았을 때, 망상적 착상이 '수학적 착상과 똑같은 길을 오기' 때문에 그것을 진지하게 받아들인다고 대답했다. 우리는 망상에 시달리는 사람들의 글에서, 망상에는 직관적으로 명백하다는 느낌이 동반된다는 생각과 종종 마주친다. 이러한 주장들은 생각과 감정의 관계를 이해하는 일에 깊은 영향을 끼친다. 어떤 생각은 모종의 감정적 확인에 불과한 것에 기초할지도 모른다. 그저 그 생각이 '옳게 느껴'지는 것이다. 마치 하위인격 수준의 기제들이 다양한 착상의 타당성을 추적하면서 감정을 실어 어떤 생각에는 '찬성'이라는 꼬리표를 붙이고 다른 생각에는 '반대'라는 꼬리표를 붙이고 있는 것처럼. 우리는 이 과정에서 생기는 꼬리표에는 의식 수준에서 접근할 수 있지만, 특정한 생각에 어째서 그와 같은 꼬리표가 주어지는지는 거의 모른다. 어쩌면 이 꼬리표를 붙이는 과정이 제 길을 벗어나 찬성해서는 안 되는 착상—'나는 남극의 황제다'—에 깊은 수학적 통찰에 붙이는 찬성의 꼬리표와 똑같은 꼬리표를 주는 게 망상에서 벌어지는 일인지도 모른다. 환자의 관점에서는 그 생각이 단순히 '옳게 느껴'지므로 그것을 비판적으로 살펴야 한다는 의견은 완전히 터무니없어 보일 것이다.

제 7 장

생각의 윤리

많은 사람들은 생각을 하느니 차라리 죽겠다 하고, 실제로도 그렇게 한다.

—버트런드 러셀

우리가 하는 일의 일부는 우리가 책임져야 하는 것의 영역에 들어간다. 우리는 사람들이 사심 없이 관대한 행위를 하면 칭찬하고, 타인의 어려움에 무감하면 비난한다. 어떤 사람과 연관되는 그 밖의 활동들은 그가 책임져야 마땅한 것의 영역 밖에 들어간다. 우리는 잠을 잘 자는 사람을 칭찬하지도 않고, 소화력이 약한 사람을 비난하지도 않는다. 생각은 이 그림의 어디에 들어맞을까? 개인이 자기 생각에 책임을 지는 게 마땅

할까, 아니면 생각하기란 잠자기나 소화하기—우리에게 아무 책임이 없는 활동—와 흡사한 걸까?

떠오르는 모든 생각이 도덕적 책임의 영역 안에 들어가지 않는 것은 분명하다. 정신병이 발병해 의사를 변장한 적군으로 여기는 누군가는 자기 생각에 책임이 없다. 문제는 우리가 자기 생각을 언제나 책임져야 하느냐 아니냐가 아니라, 우리가 도대체 자기 생각에 책임이 있느냐 없느냐다. 만일 우리가 자기 생각에 어느 정도 책임이 있는 게 분명하다면, 과연 어떤 조건에서 그러한지, 그리고 어떤 식으로 그 책임을 완수해야 하는지도 추가로 문제가 될 것이다. 앞으로 보겠지만, 이 문제들을 다루다보면 결국 생각의 본성 심장부에 있는 모호하고 어려운 쟁점들의 미로로 들어가게 될 것이다.

생각의 통제

이 장의 첫머리에 인용한 버트런드 러셀의 말, '많은 사람들은 생각을 하느니 차라리 죽겠다 하고, 실제로도 그렇게 한다'에서 시작하자. 러셀의 말에 담긴 의미를 푸는 열쇠는 생각을 두 종류로 구분하는 것이다. 제1장에서 언급했듯이, 때때로 생각은 수동적이다. 열이 있는 상태의 자신을 발견하듯, 단순히 인생이 덧없다거나 열쇠를 잃어버렸다는 생각이 떠오른 자신을 발견할지 모른다. 러셀의 관심사는 이런 의미의 생각이 아니라, 어느 정도 통제할 수 있는 활동으로 이해되는 생각이다. 다시 말해, 러셀의 흥미를 끄는 것은 **생각하기**다. 하지만 우리가 생각하기를 도대체 얼마나 통제할 수 있을까?

생각하기는 다양한 방법으로 통제할 수 있다. 어떤 맥락에서는 규칙이나 비법을 적용해 생각의 전개를 통제한다. 예컨대 3의 배수를 100에서부터 거꾸로 세려면 어찌 해야 하는지 생각해보라. 우리에게는 100에서부터 거꾸로 세는 비법이 있고, 이 과제를 완수하려면 딴 데 정신 팔지 않고 경로를 지키면서 문제의 비법을 적용해야 한다. 하지만 100에서부터 거꾸로 세기는 여러모로 특이한 활동이고, 통제되는 생각을 하더라도 대부분의 경우는 그러한 비법을 끌어들이지 않는다. 내가 당신에게 민주 국가는 다른 민주 국가와 전쟁을 벌이지 않는 경향이 있는 이유를 묻는다고 하자. 이 문제를 이미 고려해본 적이 없다면, 당신은 그에 관해 생각할 필요가 있을 것이다. 정확히 무엇을 해야 할까? 자, 만일 당신의 경험이 나의 경험과 같은 것이라면, 당신은 스스로에게 질문을 던진 뒤 뭔가가 떠오르기를 기다릴 것이다. 어떤 경우는 별다른 생각이 떠오르지 않아서 문제가 해결되지 않은 채 거기 주저앉을 테고, 다른 경우는 무의식이 뭔가 이해할 수 있는 생각을 떠올릴 것이다. 어느 쪽이건, 필요한 생각을 일으키기 위해 의식적으로 따를 수 있는 알고리듬이나 비법 따위는 없다.

전체적으로, 생각하기란 스스로에게 질문을 던지기와 무의식이 답을 얻어낼 때까지 기다리기를 넘어 그다지 연장되지 않는 것 같다. 그러한 경우 의식의 역할은 마음이 주제에서 벗어나 방황하지 않도록 단속하는 지킴이의 역할로 한정되는 듯하다. 그러나 심리학자 조너선 스쿨러(Jonathan Schooler)가 입증했듯이, 우리는 마음이 방황하는 경향을 억누르는 데 놀랍도록 서툴다. 스쿨러는 한 연구에서, 사람들에게 어떤 구절을 속으로 읽으면서 자신이 한동안 '멍해지는' 구간이 없는지 감시하도록 했다. 그런 다음 아무 때나 불쑥불쑥, 참가자들이 딴 데 정신이 팔렸는지 아니면 여전히 지시대로 구절을 읽고 있는지 조사했다. 스쿨러는 피험자들이 읽으려는 마음은 있는데도 멍해져 있는 경우가 흔하고—더더욱 놀랍게도—자신이 멍해져 있었음을 (조사받을 때까지) 깨닫지 못하는 경우도 흔함(!)을 발견했다.

우리는 특정 과제에 대한 집중을 유지하는 데 서투를 뿐만 아니라, 생각이 흐르는 방향을 통제하려는 시도 자체가 역효과를 낳을 수 있다는 증거가 있다. 심리학자 대니얼 웨그너(Daniel Wegner)와 동료들은 한 유명한 연구에서, 참가자들에게 5분 동안 백곰에 관한 생각을 **하지 말라고** 했다. 그리고 이렇게 지시받은 참가자들이 백곰에 관해 생각하라고 명확하게 지시받은 참가자들보다 백곰에 관해 생각했다는 보고를 더 많이 하는 것을 발견했다. 다시 말해, 생각을 억누르려는 시도 자체가 반생산적일 수 있다. 웨그너는 이 현상에 '생각의 역설적 통제'라는 별명을 붙였다. 파헤쳐보면 생각의 역설적 통제는 강박증과 같은, 생각의 다양한 병적 측면과 명백한 관련이 있다. 그러므로 우리가 의식적으로 생각의 방향을 통제할 수 있기는 하지만, 무한히 통제할 수 있는 것과는 거리가 멀다. 그리고 우리에게 생각의 방향을 통제할 권한이 비교적 적은 만큼, 생각하는 내용에 대한 책임도 비교적 적을 것이다.

억견 주의주의

우리가 일반적 생각에 대해 어떤 종류의 통제권을 지니고 있느냐는 문제를 떠나 **믿음**에 대해서는 어떤 종류의 통제권을 지니고 있느냐는 더 특정한 문제로 넘어가자. '억견 주의주의(臆見 主意主義, doxastic voluntarism)'로 알려진 입장의 지지자들은 우리가 믿음의 형성을 어느 정도는 직접 통제할 수 있다고 주장한다. 믿음에 대한 개인의 통제권이 **무한하다**고 주장하는 억견 주의주의자는 드물다. 이는 여간해서 믿기 어려운 관점일 것이다. 그냥 아무거나 믿기로 결정할 수는 없다는 게 상당히 명백하기 때문이다. (루이스 캐럴의 『거울나라의 앨리스』에

나오는 하얀 여왕은 아침을 먹기 전에 불가능한 일을 여섯 가지나 믿게 될 수 있었을지 몰라도, 이는 우리 가운데서는 대적할 사람이 거의 없는 묘기다.) 오히려 억견 주의주의자들은 우리에게 '개방형 질문'인 명제—우리의 증거로는 참과 거짓이 판별되지 않는 명제—를 우리가 받아들이느냐 마느냐를 어느 정도 통제할 수 있다고 주장할 뿐이다.

억견 주의주의를 진지하게 받아들일 한 가지 이유는 지각과 믿음의 명백한 차이와 관계가 있다. 어디를 보느냐는 어느 정도 통제할 수 있지만, 만일 일정한 대상을 보고 있다면, 무엇이 보이느냐는 거의 통제할 수 없다. 그런 의미에서 지각은 수동적—그냥 일어나는 어떤 것—이다. 반면에 생각은 그다지 수동적이지 않은 듯하다. 칸트의 용어를 쓰자면, 생각은 '자발적'인 듯하다. 친한 친구가 어떤 범죄로 기소된 상황을 생각해보라. 친구에게 불리한 증거가 압도적이지는 않지만 의미심장하다. 동시에 친구는 자신이 결백하다고 주장하고, 친구의 인격에 대해 알기에 생각은 친구가 진실을 말하고 있다는 쪽으로 기운다. 그러한 경우, 우리는 무엇을 믿을지 자신이 '마음을 정한다'라고 묘사하려는 유혹을 받지 않는가?

아마 그렇겠지만, 이런 문제들은 모호하다. 우리는 이런 맥락에서 결정의 언어를 사용하고 싶겠지만, 믿음 형성에 선택의 경험이 함께하는 경우는 (있다 해도) 드물다. 친구의 결백을 믿을지 말지를 마치 결정하는 것 같은가? 적어도 나에게는 그렇게 보이지 않는다. 대신에 나에게는 단순히 그 문제에 대해 어떤 견해를 가진 **자신을 발견하는** 것으로 보인다. 아마 친구에게 불리한 증거에 의해 설득된 자신을 발견하거나, 친구가 진실을 말하고 있는 게 틀림없다고 확신하는 자신을 발견할 것이다. 아니, 어쩌면 어느 쪽을 믿을지 잘 모를지도 모른다. 하지만 이 가능한 일들 중에서 어떤 일이 벌어지건, 믿음 형성이 팔 올리기나 눈 뜨기처럼 의지의 행위와 연관되지는 않는 듯하다.

억견 주의주의에 불리한 또 한 가지 징후는 평소에 의사 결정에 적용되는 종류의 보상들이 믿음의 형성은 좌우하지 않는 것 같다는 점이다. 나는 당신에게 공짜 표를 주어 내가 쓴 연극을 보도록 동기를 부여할 수 있지만, 같은 방법으로 그 연극이 훌륭한 연극이라고 믿을 동기를 부여할 수는 없다. 이는 동기 요인이 믿음 형성에 영향을 끼칠 수 있음을 부인하는 것이 아니라, 그러한 요인들은 숨겨져 있어서 의식이 응시할 수 없을 때에만 효과가 있다—금전적 보상처럼 직접 작용하지 않는다—는 것이다. '믿음의 손잡이'를 돌리는 종류의 이성은 관련된 믿음을 형성하면 무엇을 얻게 될까를 따지는 타산적 이성이 아니라, 증거에 입각해 참이냐 아니냐를 따지는 이성이다.

우리가 믿음의 형성을 직접 통제할 수는 없겠지만, 무엇을 믿느냐에 대해 다양한 형태의 간접적 통제권을 지니고 있는 것은 사실이다. 예컨대 믿음의 잠재 후보로 제시되는 착상을 비판적으로 평가할 수 있다. 그럴듯해 보이는 주장에서 한 걸음 물러나 그것을 지지하는 증거가 보이는 만큼 강력한지 어떤지 물을 수 있다. 환경의 새로운 측면을 살피면 몰랐던 주제에 관한 믿음을 얻을 수 있다. 지각이 이 능력의 간단한 일례가 되어준다. 지각을 통해 대상을 심문하는—예컨대 살펴보거나 냄새를 맡아보는—방법으로 믿음 형성 기제를 효과적으로 통제할 수 있다. 신문을 읽을 때에도 흡사한 일이 일어난다. 이 경우는 문제의 믿음이 주로 무엇이 보이는가에 관한 게 아니라 신문 기사의 주제에 관한 것이지만 말이다. 우리는 어떤 종류의 정보에 자신을 노출시키고 다른 종류의 정보를 제쳐두기로 선택함으로써 자신이 이해하는 세계의 윤곽에 대해 일종의 간접적 통제권을 행사한다.

진실이냐 결과냐

방금 살펴본 종류의 억견 통제가 타당하다는 데에는 논란의 여지가 없지만, 다소 문제가 많은 형태의 억견 통제들이 있다. 신의 존재에 대한 믿음을 지지하는 블레즈 파스칼의 유명한 내기 논증을 생각해보라. 파스칼은 신의 존재를 뒷받침하는 증거가 있건 없건, 신이 존재한다고 믿어야 한다고 주장했다. 왜냐하면—거칠게 말해서—믿음의 결과로 생기는 손익을 분석했을 때 신이 실제로 존재하건 말건, 신이 존재한다고 믿는 쪽이 신이 존재한다고 믿지 못하는 쪽보다 형편이 나은 것으로 드러나기 때문이다. 여기서 우리의 관심사는 파스칼 논증의 세부사항, 또는 그야말로 증거 없이 자신에게 믿음을 장착하는 법에 대한 그의 설명이 아니라, 파스칼이 권하는 행동의 과정에 도덕적으로 문제되는 뭔가가 있느냐 없느냐 하는 문제다. 증거 불충분이라는 버팀목에 기대는 명제를 믿으려 시도하는 것에 잘못된—아니면 최소한 '진실하지 않은'—뭔가가 있을까?

빅토리아 시대의 철학자 윌리엄 클리퍼드(William Clifford)는 그렇다고 생각한 게 분명하다. 클리퍼드는 자신의 수필 『믿음의 윤리The Ethics of Belief』에서, 충분한 증거라는 필요조건이 믿음 형성의 정당성을 좌우한다고 주장했다. 클리퍼드는 반대되는 증거가 상당한데도 불구하고 자신의 배는 안전하다는 '진실하고 편안한 확신'을 형성한 선주의 이야기로 수필을 열었다. 배는 침몰했고, 타고 있던 모든 사람이 죽었다. 클리퍼드는 사람들의 죽음에 대해 선주에게 죄가 있다고, 왜냐하면 그에게는 배가 안전하다고 믿을 권리가 없기 때문이라고 주장했다. 그리고 이 이야기에서 일반적인 교훈을 끌어냈다. 다시 말해, '불충분한 증거에 입각한 것을 믿는 일은 언제나, 어디서나, 누구라도' 잘못이라고 주장했다.

'클리퍼드의 격언'으로 불리게 된 이 교훈에는 직관적으로 끌리는 뭔가가 있다. 태만한 선주의 이야기가 보여주듯이 믿음은 결과를 낳고, 잘못된 믿음은 처참한 결과를 낳을 수 있다. 클리퍼드가 당시보다 1세기 늦게 글을 쓰고 있었다면 틀림없이 자기가 속한 인종, 종교, 정당의 우월성에 대한 믿음에서 나오는 결과에 관한 이야기를 들려주었을 것이다. 하지만 언뜻 타당성이 있어 보임에도, 클리퍼드의 격언에는 아리송한 면이 많다. '충분한 증거'란 무엇일까? '충분한 증거'를 모을 의무란 어떤 종류의 의무일까? 그리고 도대체 불충분한 증거에 입각한 것을 믿는 게 정확히 왜 잘못일까?

클리퍼드가 '충분한 증거'의 분석 결과를 내놓은 적이 없었던 데에는 타당한 이유가 있을 것이다. 그것이 매우 어려운 일이라는 이유 말이다. 그 관념에 대해 합의된 분석 결과가 없으니, '충분한 증거'를 이성적이고 공평한 사람들로 구성된 배심원들을 납득시킬 만한 종류의 증거와 동일시하자. '합당한 증거'를 이렇게 이해한다면 클리퍼드의 격언은 얼마나 그럴듯할까?

그다지 그럴듯하지 않은 듯하다. 미국의 철학자 피터 밴 인웨건(Peter van Inwagen)이 지적했듯이, 클리퍼드의 격언을 이런 형태로 받아들이면 우리의 믿음에 굉장히 많은 문제가 제기될 것이다. 예컨대 이성적이고 공평한 관찰자로 구성된 배심원들을 납득시킬 만한 종류의 증거에 의해 뒷받침되는 종교적 믿음은 거의 없다. 물론, 클리퍼드의 격언을 지지하는 사람이라면 종교적 믿음이야말로 우리가 지녀서는 안 되는 종류의 믿음—실은 클리퍼드 자신이 쓴 수필의 중심 표적이 바로 종교적 믿음이었다—이라고 생각할지 모르지만, 클리퍼드의 격언이 문제를 낳는 영역은 종교의 영역을 훌쩍 넘어선다. 클리퍼드의 격언을 지지하면 우리가 가장 아끼는 도덕, 정치, 철학에 관한 믿음들을 간직할 권리가 많은 부분 잠식될 위험이 있다. 모두 다 이성적이고 공평한 사람들 사이에서도 합의를 얻어내기 어렵기로 악명 높은 영역이기 때문이다. 실은, 그러한 합의가 없는 과학적 쟁점들도 엄청나게 많다.

이성적이고 공평한 사람들 사이에서도 합의를 얻어내기 어려운 일이 흔한 한 가지 이유는 개인이 특정한 제안을 그럴 법하다고 느끼는 정도가 그 사람의 배경 믿음에 달려 있기 때문이다. 한 묶음의 배경 믿음을 놓고 보면 매우 그럴듯할 주장이 다른 한 묶음의 배경 믿음에 비추어 평가하면 전혀 그럴듯하지 않을지도 모른다. 그리고 물론, 아무리 이성적이고 공평한 배심원들이라도 배경 믿음은 서로 다를 것이다. 합리성의 요구를 만족시키려면 고려중인 특정 주장을 뒷받침할 뿐만 아니라 배경 믿음 전부를 뒷받침하기에 충분한 증거가 있어야 할까? 이는 분명 지나친 요구일 것이다. 그게 가능할지 의심스럽기 때문이다. 실은, 누군가의 믿음 전부를 '통째로' 비판적으로 살핀다는 게 무엇을 의미할지조차 분명치 않다. 어떤 주장을 비판적으로 살피려면 틀림없이 한 덩어리의 믿음 가운데 나머지 믿음에 비춰보는 수밖에 없을 것이다.

클리퍼드의 격언이 심각한 반대에 부닥치는 것을 보았지만, 그래도 거기에는 뭔가가 있을 것이다. 무슨 말로 클리퍼드의 격언을 변호하면 좋을까?

한 변론은 유리한 증거가 적은 믿음일수록 틀릴 가능성이 높다는 생각에서 출발한다. 이 주장에는 논란의 여지가 없지 않지만, 논의를 위해 인정하기로 하자. 문제는 오로지 진실성에 대한 고려가 믿음 형성을 지배해야 하느냐다. 어쨌거나 진실성이 뭐 그리 대수인가?

진실성에는 도움이 되는 장점이 하나 있다. 일반적으로, 진실인(또는 최소한 진실에 가까운) 믿음을 근거로 행동하는 쪽이 틀린 믿음을 근거로 행동하는 쪽보다 목적을 달성할 가능성이 높다. 물론, 틀린 믿음을 지닌 것이 때로는 이익이 될 수도—탑승구를 제대로 찾아가지 못해 비행기를 놓친 덕분에 그 비행이 비극으로 끝났음을 알게 된 운 좋은 여행자를 생각해보라—있지만, 그러한 경우는 진실성을 성공으로 이어주는 일반 규칙의 예외일 뿐이다. 우리처럼 복잡하고 빠르게 변화하는 환경에서 사는 피조물은 특히 진실인 믿음을 형성할 강력한 이유가 있다. 언제 어떤 정보가 장래 계획의 성공과 연관될지는 아무도 모르기 때문이다.

하지만 진실성을 뒤쫓는 믿음 형성 기제를 지닌 피조물이 진실성을 뒤쫓지 않는 믿음 형성 기제를 가진 피조물보다 일반적으로 형편이 나을 거라는 관점을 위해 할 말이 아무리 많아도, 적당량의 자기기만이 이익이 되는 영역들이 있을 것이다. 아마 우리 중에서도 장밋빛 넘치는 자기개념을 지닌 사람들이 정확한 자기개념을 지닌 사람들보다 잘 지낼 것이다. 인간이 **실제로도** 일반적으로 자신을 지나치게 긍정적으로 본다는 증거가 풍부한 것은 분명하다. 대부분의 운전자가 자기를 평균보다 나은 운전자라 믿고, 대부분의 교사가 자기를 평균보다 나은 교사라 믿고, 대부분의 사람들이 자기의 자기개념은 남들보다 덜 편향되어 있다고 믿는다니! 실은, 지나치게 긍정적인 자아상을 지니는 것이 심지어 보편적인 특질일 수도 있다. 자연선택이 믿음을 형성할 때 언제나 다른 믿음을 누르고 진실인 믿음에 우선권을 준다고 가정하지 말라. 오히려 자기를 고양시키는 편향을 선택해온 영역들이 있을 것이다.

진실과 결과가 갈등할 수 있는 영역은 개인의 자아관에 국한되는 것이 아니라 사회적·정치적으로 중요한 문제로도 연장된다. 과학의 발전이 (이를테면) 자유의지의 실재나 도덕의 객관성에 대한 믿음을 잠식할 가능성을 생각해보라. 실제로야 어찌 되든, **그럴 수도 있을 것**이라는 게 널리 퍼진 생각이다. 하지만 자유의지나 도덕의 객관성에 대한 믿음을 포기하면 인간이라는 우리 정체성의 중심이 되는 사회 제도 및 정치 제도도 많은 부분 잠식될 수 있다고 생각될지 모른다. 그리고 그 생각이 옳다면, 진실인 것만을 믿으라—또는 더 조심스럽게, 증거가 뒷받침하는 것만을 믿으라—는 지령이 인간이 번영하는 데 필요한 조건들을 잠식할지도 모른다. 이 지점에 이르면 우리가 진실과 결과 사이에서 선택을 강요받을 때 과연 진실의 편에 서야 하는지도 더이상은 그다지 명백하지 않게 된다.

물론, 진실인 믿음에 어떤 도구적 가치가 있건, 거기에는 본질적 가치도 있다고 항변할지도 모른다. 어쩌면 진실인 믿음은 사랑, 우정, 아름다움—그 자체로 선한 무언가—과도 같을 거라고. 나는 이 생각에 뭔가가 있다고 생각한다. 적어도 중대한 문제들에 관한 믿음을 고려하는 부분에서는 말이다. (날붙이 서랍에 들어 있는 칼과 포크가 몇 개인가와 같은 사소한 쟁점에 관해 진실인 믿음을 지니는 것에 본질적으로 가치 있는 뭔가가 있는 것 같지는 않다.) 하지만 설령 중요한 문제들에 관한 진실인 믿음에 본질적 가치가 있다고 해도, 그렇다고 해서 진실의 가치가 언제나 경쟁하는 다른 모든 가치를 이겨야 하는 것은 아니다.

제 8 장

생각의 한계

우리의 지능은 우리 육체가 자연의 공간 속에서 차지하는 것과 동일한 자리를 생각의 세계에서 차지한다.

—파스칼, 『팡세』

지구의—내부는 말할 것도 없고—표면에는 인간의 발길이 닿지 않은 장소들이 있지만, 우리는 우리의 뒤뜰만큼은 상당히 샅샅이 탐험해왔다. 그러나 우리 행성 너머의 부동산에 대해서는 똑같이 말할 수 없다. 한 종으로서의 우리가 집을 떠난 적은 거의 없기 때문이다. 인간의 우리 은하계 탐험은 빠른 속도로 계속될 것이 틀림없지만, 아무리 낙관적으로 추정해도 우리는 우주의 극히 일부밖에 가보지 못할 것이다. 우리의 물리적 한계를 놓고 볼 때 광대한 시공간에 결코 접근할 수 없기 때문이다.

인간이 할 수 있는 탐험의 범위에는 한계가 있을지 모르지만, 생각의 범위라면 어떨까? 생각도 영역이 한정되어 있을까, 아니면 우리가 생각 속에서 파악할 수 있는 것에는 한계가 없을까? 이 쟁점에는 논란의 여지가 없지 않지만, 우리가 결코 증거를 얻지 못할 진실들이 있다는 것만은 당연하게 받아들일 수 있다. 이 장에서 초점을 맞출 더 깊은 문제는 우리가 품지조차 못하는 생각들이 있느냐 없느냐다. 다시 말해, 우리가 **인지적으로 폐쇄되어 있는** 실재의 측면들이 있을까?

실재의 어떤 측면들은 우리의 이해력을 넘어설지 모른다는 발상이 처음에는 얼토당토않게 보일지 모른다. 어쨌거나 지각과 생각의 한 가지 차이점이 바로 생각은 지각처럼 한정되지 않는다는 점이니까. 제1장에서 언급했듯이 세계의 어떤 특징들은 너무 작아서 볼 수 없거나, 너무 희미해서 냄새 맡을 수 없거나, 너무 멀어서 만질 수 없을지도 모르지만, 표면상 우리가 생각할 수 없는 세계의 측면은 없는 듯하다. 그렇다면 인지적 폐쇄의 가능성을 진지하게 받아들일 이유가 있을까?

있다. 인간의 생각하는 기계도 생물학적 유산의 일부임을 고려하면, 이 기계 역시 다른 생물학적 장치를 구속하는 각종 버그와 맹점에 시달릴 거라고 예상할 충분한 이유가 있다. 침팬지와 덤불어치의 놀라운 능력에서 주의를 돌리고 싶지는 않지만, 침팬지가 양자역학을 생각할 능력이 있거나 덤불어치가 기하학의 기초를 파악할 수 있는지는 의심스럽다. 하지만 다른 종이 파악할 수 없는 실재의 영역이 있다면, 왜 우리가 파악할 수 없는 실재의 영역은 없다고 가정해야 할까? 우리는 다른 어떤 종보다도 인지적 폐쇄를 덜 당할지도 모르지만, 인간이 지닌 이성의 빛이 우주의 온 구석을 비출 수 있다고 가정하는 것은 분명 자만의 극치일 것이다.

우리가 인지적 폐쇄를 당할 수 있음을 인정하는 것과 우리가 실재의 정확히 어떤 측면들을 이해할 수 없는지 확인하는 것은 다른 문제다. 인간이 할 수 있는 생각의 경계를 표시하는 게 가능할까? 질문이 터무니없어 보일지도 모른다. 어쨌거나, 만일 어떤 생각이 정말로 생각할 수 없는 것이라면 우리는 그것이 생각할 수 없는 생각임을 알기는커녕 그에 관해 생각할 입장에 있지도 못할 것이라고 반박할지도 모른다. 하지만 실은, 생각의 한계가 어디에 있는지를 정하려는 시도에는 어떤 모순도 없다. 이 사실을 이해하는 열쇠는 어떤 생각에 관해 생각하기와 어떤 생각을 실제로 생각하기를 구분하는 데 있다. 내가 속으로 이렇게 생각한다고 하자. '니샤의 생각이 그녀를 행복하게 만들고 있군.' 이 경우, 나는 니샤의 생각을 실제로 생각하지 않고도 니샤의 생각에 관해 생각했다. 마찬가지로, 생각의 한계들의 추상적 명세서를 제공해야 한대도 생각할 수 없는 것을 생각할 필요는 없다. 무엇을 모르는지를 알 수 있는 것('알려진 미지의 것들')과 마찬가지로, 무엇을 생각할 수 없는지도 생각할 수 있을 것이다('생각할 수 있는 생각 불가능한 것들').

이제 많은 이론가가 우리의 이해력 너머에 있다고 주장해온 실재의 세 가지 측면, 즉 의식의 본성, 사물 자체의 본성, 신의 본성을 생각해보자.

의식

당신이 나와 같은 부류라면, 책을 읽는 동안 진한 커피 한 잔을 즐길 것이다. 바로 지금 그런 한 잔을 즐기며 익숙한 커피의 맛을 경험하고 있다고 하자. 당신 뇌의 현재 상태와 당신이 의식하는 커피의 경험 사이에는 어떤 관계가 있을까? 어째서 이 뇌 상태가 의식과 연관되며, 어째서 (정어리의 냄새나 가온 다를 연주하는 첼로의 소리와 같은) 다른 종류의 의식 경험이 아니라 이 특정한 종류의 의식 경험(커피의 맛)과 연관될까?

수백 년 동안 생각해왔음에도, 아직까지 이 질문에 타당성 있는 답을 내놓은 사람은 아무도 없었다. 문제는 뇌와 의식의 관계에 대해 다양한 설명이 시중에 나와 있는데다 현재의 증거가 한 설명을 지지하고 다른 설명을 누르지 못한다는 게 아니다. 오히려 문제는 어떻게 신경 활동에서 의식 경험이 출현하는지 보여줄 **가능성이 있는** 설명을 내놓은 사람이 아직까지 아무도 없다는 것이다. 미국의 철학자 조지프 러바인(Joseph Levine)의 말로 하자면, 뇌의 상태와 의식의 상태 사이에는 **설명적 간극**(explanatory gap)이 있는 듯하다.

어떤 이론가들은 그런 면에서 우리의 무지는 단순히 일시적인 것이라고, 신경과학이 발달하면서 함께 가져오는 개념들이 신경 활동과 의식 경험 사이의 간극을 이을 수 있을 거라고 주장한다. 다른 이론가들—흔히 '신(新)신비주의자(mysterian)'로 알려진—은 여기서 우리의 무지는 치료할 수 없다고, 우리는 구조적으로 뇌와 의식의 관계를 파악할 능력이 없다고 주장한다. 19세기 영국의 물리학자 존 틴들(John Tyndall)이 다음 글에서 정확히 이 관점을 표현했다.

> 뇌의 물리학에서 출발해 그에 해당하는 의식의 사실들에 이르는 길은 생각할 수 없다. 확실한 생각과 함께 뇌 안에서 확실한 분자 활동이 동시에 일어난다 하더라도, 우리에게는 우리가 추리 과정을 통해 한편에서 반대편으로 건너갈 수 있게 해줄 지적 기관(知的 器官)도 없고, 그 기관의 흔적도 없는 듯하다.

논증의 타당성은 저마다 차이가 있지만, 신신비주의를 뒷받침하는 다양한 논증들이 있다. 한 가지 논증은 우리가 그 주제에 관해 수백 년 동안 곰곰이 생각했음에도 지금까지 뇌 상태와 의식 상태 사이의 설명적 연계에 대해 조금이라도 그럴듯한 설명을 떠올릴 수 없었다는 사실에 호소한다. 이 논지는 압도적인 것과 거리가 멀다. 어쨌거나, 아마도 우리는 의식에 관한 한 수학자들이 0을 발견하기 이전이나 물리학자들이 속도와 가속도의 차이를 깨닫기 이전에 있던 위치와 대략 같은 위치에 있을 것이다. 어쩌면 필요한 것은 앞으로 누군가가 **정말로 좋은 생각**을 떠올려서 의식과 뇌의 관계를 이해하는 일이 손닿는 범위 안으로 들어오는 것뿐인지도 모른다.

신신비주의를 위해 더 전망 있는 변론을 전개해온 사람은 철학자 콜린 맥긴(Colin McGinn)이다. 그는 우리가 의식과 뇌의 관계를 파악할 수 없는 이유가 개념의 습득에 가해지는 제약 때문이라고 주장한다. 맥긴에 따르면, 우리는 의식에 관한 정보는 내성(introspection)을 통해서만 얻고 뇌에 관한 정보는 지각을 통해서만 얻는다. 따라서 의식과 뇌 둘 다에 접근하게 해주는 정보 통로가 없으므로, 어떻게 신경 활동에서 의식이 출현하는지 이해하는 데 필요한 개념을 결코 형성할 수 없다. 그러한 설명이 있기는 **있지만**, 그것은—맥긴의 생각에—우리 생각의 한계 너머에 있다.

맥긴의 논증이 도전받지 않은 것은 아니다. 아마도 가장 논란이 되는 가정은 우리가 가진 정보의 통로가 우리의 개념 전개 능력을 직접 구속한다는 가정일 것이다. 비판자들은, 인간의 마음은 이용할 수 있는 감각 정보를 앞지르는 개념을 구축할 수 있다는 증거로 자연과학을 가리킨다. 그리고 이어서, 아마도 우리는 물리적 상태와 경험적 상태의 설명적 연계를 공정하게 다루는 개념도 전개할 수 있을 거라 말한다. 비록 그러한 개념들이 내성이나 지각에 직접 기초하지는 않겠지만 말이다. 신신비주의가 제기하는 도전은 중요한 도전이지만, 신경 활동에서 어떻게 의식이 출현하는지 이해하는 일은 우리의 이해력을 넘어선다고 결론짓기는 아직 이를 터이다.

사물 자체

중요한 철학적 전통의 하나로, 세계에 대한 우리의 지식은 필연적으로 사물이 우리에게 나타나는 방식에 구속된다고, 그래서 우리는 결코 사물의 본성을 그 자체로서 파악할 수 없다고 여기는 전통이 있다. 이 주의와 연관되는 가장 유명한 사람인 독일의 철학자 임마누엘 칸트는 우리에게 나타나는 사물(현상, phenomenon)과 그 자체로서의 사물(본체, noumenon)을 구분했다. 칸트에 따르면, 과학은 겉모습의 영역에 한정되므로 결코 우리는 겉모습 밑에 있는 것에 접근하지 못한다.

칸트의 관념에 대한 해석은 악명 높게 논쟁이 되는 주제이고, 여기는 그의 정확한 의도를 두고 논의에 들어갈 자리가 아니다. 대신에 나는 사물 자체를 알 수 없음을 뒷받침하는 칸트의 논증의 한 변형, 즉 철학자 레이 랭턴(Rae Langton)이 가장 자세히 전개한 설명에만 집중할 것이다.

랭턴이 읽은 바에 따르면, 칸트의 입장은 두 유형의 속성—본질적 속성과 관계적 속성—의 구분을 중심으로 돌아간다. 대상의 본질적 속성은 다른 대상의 존재와 무관하게 그 자체가 지니는 속성이다. 대상의 관계적 속성은 이름이 시사하듯 다른 대상과의 관계 덕분에 지니는 속성이다. (예컨대 '기혼'은 관계적 속성이다.) 랭턴에 따르면, 칸트가 우리는 사물 자체에 대해 통찰할 수 없다고 주장할 때 하려는 말은, 우리는 대상의 본질적 속성을 통찰할 수 없다는 것이다.

랭턴은 이 입장을 지지하는 칸트의 논증이 대상의 인과적 능력에 관한 주장을 중심으로 한다는 것을 시사한다. 대상의 인과적 능력이란 주위 대상에 어떤 식으로든 변화를 주거나 영향을 끼치는 능력이다. 예컨대, 종(鐘)의 인과적 능력에는 독특한 종류의 음파를 만들어내는 능력이 포함된다. 지금 칸트는 대상의 인과적 능력이 본질적인 게 아니라 관계적 속성에 속하는 특징이라고 주장하는 것이다. 이 주장이 옳다면, 우리는 대상의 본질적 속성에 접근할 수 없다. 왜냐하면 우리는 대상의 인과적 능력을 통해서만 대상의 본성에 접근할 수 있기 때문이다. 본성을 조사하려면 사물을 '찔러보기'나 '쑤셔보기', 그런 다음 이것이 우리에게 어떤 결과를 낳는지 지켜보기가 필요하다. 우리에게 과학을 하기 위한 다른 방법은 없다. 다음은 칸트의 말이다.

> 우리 마음의 수용성, 즉 마음이 어떤 식으로든 영향을 받는 한에서 표상들을 받아들이는 마음의 능력을 '감성'이라 한다…… 우리의 본성상 직관은 감지할 수 있는 것일 수밖에 없다. 즉 직관에 담기는 길은 우리가 대상들에 의해 영향을 받는 길뿐이다.

그러므로 사물에 대한 지식이 사물의 인과적 능력에 대한 이해로 국한된다면, 그리고 사물의 인과적 능력이 사물의 본질적 속성에 속하지 않는다면, 우리는 본질적 속성에 대해 어떤 지식도 가질 수 없게 된다. 그뿐 아니라, 전망은 사실 이보다 훨씬 더 나쁘다. 우리는 대상의 본질적 속성이 무엇인지를 결코 알 수 없을 뿐만 아니라, 그러한 속성을 사실상 생각조차 할 수 없다는 말이다. 이 입장—랭턴이 '칸트의 겸손'이라는 별명을 붙인—은 물론 인지적 폐쇄의 한 형태다.

칸트의 겸손에 대한 한 가지 반응은 한 대상이 다른 대상에 영향을 끼치는 방식이 오로지 관계적 속성에 달려 있다는 주장을 내버리는 것이다. 실은, 아마도 오늘날의 철학자 대부분은 정확히 이 조치를 취할 것이다. 한 대상이 (말하자면) 음파에 노출되었을 때 일정한 방식으로 행동하는 경향은 관련 맥락에서 작동하는 아무개 자연 법칙과의 접속점에서 본질적 속성이 담당하는 한 기능이라고 주장하리라는 말이다. 하지만 랭딘은, 우리에게 사물 자체의 본성에 대한 통찰을 제공하는 것에 관해서라면 이 입장도 나을 게 없다고 주장한다. 왜냐하면 만일 (그럴듯해 보이듯이) 대상의 본질적 속성이 경우에 따라서만 인과적 능력과 연관된다면, 거꾸로 대상의 인과적 능력에서 출발해 본질적 속성을 추리하는 일은 불가능할 것이기 때문이다. 다시 말해 대상의 인과적 능력이 단지 관계적 속성이건 아니건, 세계의 본질적 속성은 우리 생각이 미치지 않는 곳에 있음이 드러날 것이다.

신

인지적 폐쇄의 주장을 수호해온 셋째 영역은 신의 본성과 관계가 있다. 많은 종교가 품고 있는 신비적 전통에서 신은 인간의 생각으로 파악할 수 없다고 말해진다. 독일의 종교학자 루돌프 오토(Rudolf Otto)의 말처럼, 신의 본성은 인간이 '말로 표현할 수도 없고, 생각으로 떠올릴 수도 없는' 무언가라고 말해진다. 신학에 대한 이 접근법을 흔히 '부정의 길(via negativa)'이라 일컫는다. 왜냐하면 이 접근법의 지지자들이 우리는 신에게 없는 속성들만 파악할 수 있다고 여기기 때문이다.

어떤 신학자들은 신이 어떤 긍정적 본성도 가지지 않기 때문에 우리는 신의 긍정적 개념을 형성할 수 없다고 주장한다. 이 관점을 역설적으로 말하자면, 신의 본성을 파악할 수 없는 우리의 무능함은 신의 본성이 지닌—신에게는 본성이 없다는—특징에 바탕을 두고 있다는 말이다. 이 사고방식이 인기가 없는 것은 아니지만, 정합성은 의심스럽다. 어쨌거나, 무언가에 본성이 없을 수 있다는 게 정말로 가능할까? 존재하는 모든 것은 적어도 존재한다는 속성을 지녀야 하지 않을까? 그리고 자기동일성이라는 속성도 지녀야 하지 않을까? 그리고 이른바 부정적 속성, 예컨대 소수(素數)가 아니다라는 속성이나 볼리비아 시민이 아니다라는 속성은 또 어떤가? 부정의 길 지지자도 신이 이 속성들을 지닌다는 것은 인정해야 하지 않을까? 그리고 그러한 사람이 이 속성들은 '진정한 속성'이 아니라고—아마 실제로도 아닐 테고—이의를 제기해야 한다면, 최소한 신이 가지는 어떤 진정한('긍정적') 속성들 덕분에 신이 소수 또는 볼리비아 시민이 아닐 수 있다는 것을 인정해야 하지 않을까?

부정의 길을 지지하는 더 강력한 동기 하나는 우리에게 신의 본성을 파악할 능력이 없음을 설명하기 위한 등식에서 우리 변에 놓인 특징들에 호소한다. 이번에도, 이 주장을 지지하는 주된 근거에는 개념 획득의 바탕이 되는 과정들에 대한 호소가 따라붙는다. 지극히 평범한 실재의 세계에 대해 우리가 아는 것에서 끌어내는 과정으로는 신의 본성에 달려들 수 없다는 것이다. 왜냐하면 신이 지닌 속성과 우리에게 친숙한 지상의 대상들이 지닌 속성 사이에는 이을 수 없는 간극이 있기 때문이—라고 신비주의자들은 주장한—다.

신의 본성이 우리의 이해력을 완전히 초월할 수 있을까? 비판자들은 이렇게 지적할지 모른다. 신비주의자들은 신을 형언할 수 없다고 묘사하는 동안 최소한 한 가지 속성—이해할 수 없다는 속성—을 신에게 적용했다고. 하지만 만일 그 속성을 가진다면, 자연히 신은 우리가 파악할 수 있는 속성을 최소한 하나는 가지게 되고, 따라서 신의 본성은 우리를 완전히 초월하지 않는다고.

신비주의자들이 이 이의 제기에 풀이 죽을 필요는 없다. 그들은 '신은 형언할 수 없다'라는 주장이 신의 한 속성에 근거를 두는 것처럼 보이지만, 겉모습에 속지 말라고 말하면 된다. '유니콘은 존재하지 않는다'라는 문장이 유니콘의 한 속성(존재하지 않는다는 속성)에 근거를 두는 것처럼 보이지만, 실은 그런 종류의 일을 하지 않는 것과 마찬가지다. 대신에 그러한 주장은 더 명료하게 '유니콘이 존재한다는 말은 사실이 아니다'로 고쳐진다. 아니면 신비주의자들도 이해할 수 없다는 속성이 한 속성임을 인정한 뒤, 하지만 이 속성을 신에게 귀속시킨다고 해서 부정의 길이라는 중심 교의를 조롱하는 것은 결코 아니라고 주장할 수도 있을 것이다. 이해할 수 없다는 속성은 단지 **관계적** 속성이기 때문이다. 신을 이해할 수 없다는 것은 신의 본질적 속성을 통찰하지 않아도 알 수 있다.

맺는 생각

인지적 폐쇄에 관한 주장들이 발전해온 세 영역을 살펴보았다. 보았듯이 어느 정도의 논란이 이 주장들 각각을 둘러싸고 있지만, 이 주장들에 따르는 논증들은 종합하면 인식론적 겸손을 자극하는 데 큰 도움이 된다. 우리의 사고력이 동료 피조물들의 것보다 대단히 우월할 수는 있지만, 절대적으로 무한하기야 하겠는가.

하지만 인간이 할 수 있는 생각의 경계가 어디이건, 우리가 거기 도달하려면 한참 멀었다는 데에는 의심의 여지가 없다. 어떤 인간도 품어본 적 없는—깊고, 중요하고, 오묘한—생각들이 있다. 블레즈 파스칼을 인용하며 이 책을 열었으니, 파스칼을 한 번 더 인용하며 맺어도 괜찮지 싶다.

> 그러므로 우리의 모든 존엄성은 생각으로 이루어진다. 우리는 우리가 채울 수 없는 공간과 시간으로가 아니라, 생각으로 자신을 높여야 한다. 그렇다면 잘 생각하도록 노력하자. 이것이 도덕의 원리이다.

참고문헌

제1장 생각이란 무엇인가?

생각이란 "모든 상황에서 사용할 수 있는 보편적 도구"라는 르네 데카르트의 묘사는 그의 *Discours de La Methode, Regulae ad directionem ingenii* (1637) [『방법서설』]에서 찾아볼 수 있다.

인용한 데이비드 흄의 글은 그의 *An Enquiry Concerning Human Understanding* (1748) [김혜숙 옮김, 『인간의 이해력에 관한 탐구』(지만지, 2012)] 중 '관념의 연합에 관하여'라는 장에서 찾아볼 수 있다.

추리의 연구에서 웨이슨 선택 과제를 소개한 고전적 논문은 B. M. Foss (ed.), *New Horizons in Psychology* (London: Penguin, 1966)에 실린 Peter Wason의 "Reasoning"이다.

논리는 무엇을 믿을지를 가르쳐주지 않는다는 논지는 Gilbert Harman의 *Change in View* (Cambridge, MA: MIT Press, 1988)에서 찾아볼 수 있다.

제2장 기계적인 마음

'통사를 돌보면, 의미는 알아서 자신을 돌본다'라는 호글랜드의 주장은 J. Haugeland (ed.), *Mind Design* (Cambridge, MA: MIT Press, 1981)에 실린 그의 논문 "Semantic engines: An introduction to mind design"에서 찾아볼 수 있다.

존 설의 중국어 방 논증은 학술지 *Behavioral and Brain Sciences* (1980)에서 처음 발표된 이후 거듭 증쇄된 그의 논문 "Minds, Brains, and Programs"에서 찾아볼 수 있다.

장의 마지막 절에서 인용한 루트비히 비트겐슈타인의 말은 그의 책 *Zettel* [이영철 옮김, 『쪽지』(책세상, 2006)]에서 찾아볼 수 있다.

제3장 내면의 성소

비트겐슈타인의 상자 속 딱정벌레 비유는 그의 *Philosophische Untersuchungen* [이영철 옮김, 『철학적 탐구』(책세상, 2006)] (§293)에서 찾아볼 수 있다.

뇌 해독(解讀) 연구의 세부사항은 J. D. Haynes et al. (2007), "Reading hidden intentions in the human brain", *Current Biology*, 17: 323–8에서 찾아볼 수 있다.

식물상태 환자의 뇌 영상 연구의 세부사항은 A. M. Owen et al. (2006), "Detecting awareness in the vegetative state", *Science*, 313: 1402에서 찾아볼 수 있다.

제4장 원초적 생각

쥐의 수학적 인지에 관한 연구는 Church, R. M. and Meek, W. H. (1984), "The numerical attribute of stimuli", in H. L. Roitblat, T. Bever and H. S. Terrace (eds), *Animal Cognition* (Hillsdale, NJ: Erlbaum), pp. 445–64에서 찾아볼 수 있다.

초콜릿 칩 연구의 세부사항은 D. M. Rumbaugh et al. (1987), "Summation in the chimpanzee (Pan troglodytes)", *Journal of Experimental Psychology: Animal Behavior Processes*, 13: 107–15에서 찾아볼 수 있다.

시바와 새라에 관한 일화는 S. T. Boysen et al. (1996), "Quantity-based inference and symbolic representation in chimpanzees (Pan troglodytes)", *Journal of Experimental Psychology: Animal Behavior Processes*, 22: 76–86에서 가져왔다.

플라스틱 꼬리표를 사용해 같음과 다름의 관계를 표상하도록 훈련받은 침팬지에 관한 연구는 R. K. R. Thompson et al. (1997), "Language-naïve chimpanzees (Pan troglodytes) judge relations between relations in a conceptual matching-to-sample task", *Journal of Experimental Psychology: Animal Behavior Processes*, 23: 31-43에서 찾아볼 수 있다.

비비의 사회적 추리에 관한 세부사항은 D. Cheney and R. Seyfarth, *Baboon Metaphysics* (Chicago: Chicago University Press, 2007)에서 찾아볼 수 있다.

포비넬리와 에디의 연구에 관한 세부사항은 Povinelli, D. and Eddy, T. J. (1996), "What young chimpanzees know about seeing", *Monographs of the Society for Research in Child Development*, 61: 1-152에서 찾아볼 수 있다.

브라이언 해어와 동료들의 연구에 관한 세부사항은 B. Hare et al. (2002), "Chimpanzees know what conspecifics do and do not see", *Animal Behaviour*, 59: 771-85에서 찾아볼 수 있다.

상위인지와 불신 상태 관찰에 관한 데이비드 스미스의 연구를 검토한 내용은 J. Smith et al. (2003), "The comparative psychology of uncertainty monitoring and meta-cognition", *Behavioral and Brain Sciences*, 26: 317-73에서 찾아볼 수 있다.

디렉 브라운은 그의 2004년 논문 "Do dolphins know their own minds?", *Biology and Philosophy*, 19: 633-53에서, 돌고래에게 상위인지가 있다는 증거에 관해 논의한다.

앤디 클라크의 글은 내가 다방면에서 의존한 그의 2006년 논문 "Material symbols", *Philosophical Psychology*, 19: 291-307에서 가져왔다.

'정신적 시간 여행'이라는 표현은 털빙이 그의 1993년 논문 "What is episodic memory?", *Current Directions in Psychological Science*, 2: 67-70에서 만들어냈다.

덤불어치의 은닉 행동에 관한 연구는 Clayton, N. S. and Dickinson, A.

(1998), "Episodic-like memory during cache recovery by scrub jays", *Nature*, 395: 272-8에서 찾아볼 수 있다.

침팬지는 동료 침팬지가 자신의 마음 상태로 들어오도록 고무하지 않는다는 주장은 Tomasello, M. and Rakoczy, H. (2003), "What makes human cognition unique? From individual to shared to collective intentionality", *Mind and Language*, 18: 121-47에서 찾아볼 수 있다.

논쟁과 이의 제기가 생각하는 능력을 길러준다는 것을 암시하는 연구의 세부 사항은 Nemeth, C. J. and Goncalo, J. A. (2011), "Rogues and heroes: Finding value in dissent", in J. Jetten and M. Hornsey (eds), *Rebels in Groups: Dissent, Deviance, Difference and Defiance* (Wiley-Blackwell)에서 찾아볼 수 있다.

생각의 보행기로 기능하는 예들에 관한 칸트의 주석은 그의 *Kritik der reinen Vernunft* [『순수이성비판』] (A 134, B 173-4)에서 찾아볼 수 있다.

제5장 '그들은 우리처럼 생각하지 않는다'

레빈슨의 말은 언급한 연구에 관한 논의와 함께 그의 책 *Space in Language and Cognition: Explorations in Cognitive Diversity* (Cambridge, Cambridge University Press, 2003)에서 찾아볼 수 있다.

첼탈어 화자의 공간 추리에 관한 리와 페이퍼프래구의 연구는 P. Li et al. (2011), "Spatial reasoning in Tenejapan Mayans", *Cognition*, 120: 33-53에서 찾아볼 수 있다.

미크로네시아의 이팔룩 섬에서는 친척을 그리워하면 그 친척이 병들 수 있다고 믿는다는 주장은 C. Lutz (1985), "Ethnopsychology compared to what? Explaining behaviour and consciousness among the Ifaluk", in G. White and J. Kirkpatrick (eds), *Person, Self and Experience* (Berkeley, University of California Press), pp. 35-79에서 보고된다.

아이들이 마음을 이해하게 되는 나이에 관한 비교문화적 연구에 대해서는 T. Callaghan et al. (2005), "Synchrony in the onset of mental-state reasoning: Evidence from five cultures", *Psychological Science*, 16(5): 378-84를 참조하라.

루리아가 우즈베키스탄에서 했던 추리에 관한 연구는 A. R. Luria, *Cognitive Development: Its Cultural and Social Foundations* (Cambridge, MA: Harvard University Press, 1976)에서 찾아볼 수 있다.

미국인과 동아시아인의 추론 방식 차이를 조사하는 연구에 관한 정보는 다음 논문들에서 찾아볼 수 있다. Masuda, T. and R. Nisbett (2001), "Attending holistically vs. analytically: Comparing the context sensitivity of Japanese and Americans", *Journal of Personality and Social Psychology*, 81: 922-34; Ji, L-J., Zhang, Z., Nisbett, R. E. (2004), "Is it culture or is it language? Examination of language effects in cross-cultural research on categorization", *Journal of Personality and Social Psychology*, 87(1): 57-65; A. Norenzayan et al. (2002), "Cultural preferences for formal versus intuitive reasoning", *Cognitive Science*, 26: 653-84.

언어가 생각을 결정한다는 것에 관한 워프의 글들은 그의 책 *Language, Thought and Reality*, J. B. Carroll (ed.) (Cambridge, MA: MIT Press, 1956) [신현정 옮김, 『언어, 사고, 그리고 실재』(나남출판, 2010)]에서 찾아볼 수 있다.

영어 화자의 파랑 지각과 러시아어 화자의 파랑 지각을 대조하는 연구는 J. Winawer et al. (2007), "Russian blues reveal effects of language on color discrimination", *Proceedings of the National Academy of Sciences* (USA), 104(19): 7780-85에서 찾아볼 수 있다.

중국어-영어 이중언어자의 고정관념 표상에 관한 연구는 C. Hoffman et al. (1986), "The linguistic relativity of person cognition: An English-Chinese comparison", *Journal of Personality and Social Psychology*, 51: 1097-1105에서 찾아볼 수 있다.

영어와 중국어로 하는 수 세기에 관한 연구는 Miller, K. F. and Stigler, J. (1987), "Counting in Chinese: Cultural variation in a basic cognitive skill", *Cognitive Development*, 2: 279 – 305에서 찾아볼 수 있다.

웨일스어-영어 이중언어자 아동의 수학적 추리에 관한 연구는 Ellis, N. C. and Hennelly, R. A. (1980), "A bilingual word-length effect: Implications for intelligence testing and the relative ease of mental calculation in Welsh and English", *British Journal of Psychology*, 71: 43 – 51에서 찾아볼 수 있다.

피다한족과 문두루쿠족의 수학적 인지에 관한 정보는 다음 논문들에서 찾아볼 수 있다. M. C. Frank et al. (2008), "Number as a cognitive technology: Evidence from Pirahã language and cognition", *Cognition*, 108: 819 – 24; P. Pica et al. (2004), "Exact and approximate arithmetic in an Amazonian indigene group", *Science*, 306: 499 – 503.

제6장 잘못된 생각

자기 어머니가 안경을 쓸 때마다 다른 사람으로 바뀐다고 믿은 사람의 사례는 De Pauw, K. W. and Szulecka, T. K. (1988), "Dangerous delusions: Violence and the Misidentification Syndromes", *British Journal of Psychiatry*, 152: 91 – 6에서 찾아볼 수 있다.

머리가 둘이라고 주장한 남자의 사례는 D. Ames (1984), "Self shooting of a phantom head", *British Journal of Psychiatry*, 145: 193 – 4에서 묘사된다.

벤털의 피해망상 모형에 관한 세부사항은 그의 1994년 논문 "Cognitive biases and abnormal beliefs: Towards a model of persecutory delusions", in A. S. David and J. C. Cutting (eds), *The Neuropsychology of Schizophrenia* (Hove, E. Sussex: Psychology Press, 1994)에서 찾아볼 수 있다.

마허가 독창적으로 제시한 망상에 대한 접근법은 Maher, B. A. (1974), "Delusional thinking and perceptual disorder", *Journal of Individual Psychology*, 30: 98-113에서 찾아볼 수 있다.

카그라 망상에 대한 엘리스와 영의 설명에 관해서는 Ellis, H. D. and Young, A. W. (1990), "Accounting for delusional misidentifications", *British Journal of Psychiatry*, 157: 239-48을 참조하라.

프리스가 세운 외계인 조종 망상의 모형은 C. Frith et al. (2000), "Explaining the symptoms of schizophrenia: Abnormalities in the awareness of action", *Brain Research Reviews*, 31: 357-63을 포함한 여러 곳에서 펼쳐진다.

외계인 조종 망상을 가진 환자들이 자신을 간질일 수 있다는 연구 결과는 S.-J. Blakemore et al. (2000), "Why can't we tickle ourselves?", *NeuroReport*, 11: 11-16에서 보고된다.

스톤과 영이 제안한 망상의 둘째 요인은 Stone, T. and Young, A. (1997), "Delusions and brain injury: The philosophy and psychology of belief", *Mind and Language*, 12: 327-64에서 찾아볼 수 있다.

믿음 형성에서 속단 편향의 역할에 관한 데이터는 Garety, P. A. et al. (1999), "Cognitive approaches to delusions: A critical review of theories and evidence", *British Journal of Clinical Psychology*, 38: 113-54에서 찾아볼 수 있다.

제7장 생각의 윤리

조너선의 딴 생각에 관한 연구를 검토하는 내용은 그의 2002년 논문 "Re-representing consciousness: dissociations between experience and meta-consciousness", *Trends in Cognitive Sciences*, 6/8, 339-44에서 찾아볼 수 있다.

생각의 역설적 조종에 관한 대니얼 웨그너의 연구는 그의 흥미진진한 책 *White Bears and Other Unwanted Thoughts* (Guildford, 1994)에서 찾아볼 수 있다.

클리퍼드의 격언에 관한 피터 밴 인웨건의 논의는 그의 1998년 논문 "It is wrong, everywhere, always, and for anyone, to believe anything upon insufficient evidence"에서 찾아볼 수 있고, 이 논문은 내가 클리퍼드를 다루면서 크게 의지한 그의 책 *The Possibility of Resurrection and Other Essays in Christian Apologetics* (Boulder, CO: Westview Press, 1997)에서 찾아볼 수 있다.

제8장 생각의 한계

존 틴들의 말은 1871년에 처음 출간된 그의 *Fragments of Science*에서 인용했다.

신신비주의를 뒷받침하는 콜린 맥긴의 논증은 그의 책 *The Mysterious* Flame (Cambridge MA: MIT Press, 1999)에서 찾아볼 수 있다.

칸트의 겸손에 대한 레이 랭턴의 변론은 그녀의 책 *Kantian Humility: Our Ignorance of Things in Themselves* (Oxford: Clarendon Press, 1998)에서 찾아볼 수 있다.

칸트의 말은 그의 *Kritik der reinen Vernunft* [『순수이성비판』] (A51/B75)에서 인용했다.

인용한 루돌프 오토의 말은 그의 책 *The Idea of the Holy* (New York: Oxford University Press, 1917/ 1958), p. 33[길희성 옮김, 『성스러움의 의미』(분도출판사, 1987)]에서 찾아볼 수 있다.

장을 맺는 파스칼의 말은 그의 *Pensées* [『팡세』] (§ 347)에서 인용했다.

더 읽을거리

제1장

생각의 지향적 구조에 대한 유용한 소개는 John Searle의 *Intentionality* 〔신철호 옮김, 『지향성: 심리철학 소론』(나남출판, 2009)〕와 Tim Crane의 *The Elements of Mind*에서 찾아볼 수 있다. 생각의 의식 관련 특성에 관한 최근의 논문 모음은 Tim Bayne과 Michelle Montague가 편집한 *Cognitive Phenomenology* (Oxford: Oxford University Press, 2011)에서 찾아볼 수 있다. Thomas Gilovich의 *How We Know What Isn't So* (Free Press, 1993) 〔이양원 옮김, 『인간 그 속기 쉬운 동물』(모멘토, 2008)〕는 인지적 편향의 다른 많은 예를 담고 있을 뿐만 아니라 매우 흥미롭게 읽힌다. 추리에 대한 '유한한 합리성' 접근법은 인간이 하는 추리의 많은 부분에 빠르고 간소한 발견법(heuristics)이 관련된다는 발상과 연관해 중요한 여러 면에서 Gerd Gigerenzer와 Daniel Goldstein에 의해 발전해왔다. G. Gigerenzer and D. Goldstein (1996), "Reasoning the fast and frugal way: Models of bounded rationality", *Psychological Review*, 103: 650–69를 참조하라. Daniel Kahnemann의 *Thinking Fast and Slow* (Farrar, Straus and Giroux, 2011) 〔이진원 옮김, 『생각에 관한 생각』(김영사, 2012)〕는 직관적으로(빠르게) 생각하기와 반성적으로(느리게) 생각하기의 관계를 권위 있게 다뤄준다. 생각의 규범을 설명하는 일과 우리가 지닌 인지적 한계들의 관련성은 Christopher Cherniak의

Minimal Rationality (Cambridge, MA: MIT, 1990)의 주제이기도 하다.

제2장

계산주의 마음 이론에 대한 최고의 입문서에 속하는 Tim Crane의 *The Mechanical Mind* (London: Routledge, 2003)에서 이 장의 제목을 따왔다. 사고언어에 대한 포더의 변론들 가운데 가장 접근하기 쉬운 판본은 그의 책 *Psychosemantics* (Cambridge, MA: MIT Press, 1987), 특히 첫 장에서 찾아볼 수 있다. 중국어 방 논증에 관한 논문 모음은 J. Preston and M. Bishop (eds), *Views into the Chinese Room: New Essays on Searle and Artificial Intelligence* (New York: Oxford University Press, 2002)에서 찾아볼 수 있다. Jack Copeland의 *Artificial Intelligence: A Philosophical Introduction* (Blackwell, Oxford, 1993)은 인공적 생각의 가능성에 관한 질문들이 제기하는 철학적 쟁점들에 대한 최고의 입문서 중 하나다. Robert Cummins의 *Meaning and Mental Representation* (Cambridge, MA: MIT, 1989)은 마음의 내용을 설명하는 일과 연관된 문제들에 관심이 있는 독자들에게 (반드시 쉬운 것은 아니지만) 좋은 출발점을 제공한다. 계산주의 생각 이론에 관한 데닛의 염려들 가운데 일부를 그의 *Brainstorms: Philosophical Essays on Mind and Psychology* (Cambridge, MA: MIT Press, 1978)에 실린 그의 논문 "A cure for the common code"에서 찾아볼 수 있다. 계산주의 마음 이론에 대한 동적 도전에 관한 논의는 다음의 두 논문에서 찾아볼 수 있다. Tim van Gelder (1998), "The dynamical hypothesis in cognitive science", *Behavioral and Brain Sciences*, 21(5): 615–28; (1995), "What might cognition be if not computation?", *Journal of Philosophy*, 92: 345–81.

제3장

데카르트식 생각의 개념에 대한 유명한 공격은 Gilbert Ryle의 *The Concept of Mind* [이한우 옮김, 『마음의 개념』(문예출판사, 1994)]에서 찾아볼 수 있다. 더 근래에 인지과학계의 수많은 연구에 의존해 자기인식에 대한 데카르트식 접근법을 공격하는 책으로는 Peter Carruthers의 *The Opacity of Mind* (New York: Oxford University Press, 2011)가 있다. 데카르트의 접근법에 다소 더 동정적인 태도로 생각에 대한 1인칭 접근을 설명하는 책이 필요하면 Brie Gertler의 *Self-Knowledge* (London: Routledge, 2010)를 보라. 마음 읽기에 관련되는 심리적 과정들에 관해 우리가 아는 내용을 돌아보는 좋은 자료는 Ian Apperly의 *Mindreaders: The Cognitive Basis of Theory of Mind* (Psychology Press, 2010)와 Alvin Goldman의 *Simulating Minds: The Philosophy, Psychology and Neuroscience of Mindreading* (New York: Oxford University Press, 2006)에서 찾아볼 수 있다. 뇌 해독이 제기하는 철학적 쟁점들에 관한 매력적인 논의는 Daniel Dennett의 *Brainstorms* (Cambridge, MA: MIT Press, 1978)에 실린 그의 논문 별쇄본 "Brain writing and mind reading"에서 찾아볼 수 있다. 뇌 해독 연구와 그것이 우리가 마음을 이해하는 데서 함축하는 의미를 더 근래

에 조사한 자료는 Sarah Edwards, Sarah Richmond, Geraint Rees가 편집한 *I Know What you are Thinking: Brain Imaging and Mental Privacy* (Oxford: Oxford University Press, 2012)에서 찾아볼 수 있다.

제4장

동물의 생각에 관한 두 편의 훌륭한 수필집으로 Susan Hurley와 Matthew Nudds가 편집한 *Rational Animals?* (Oxford: Oxford University Press, 2006)와 Robert Lutz가 편집한 *The Philosophy of Animal Minds* (New York: Cambridge University Press, 2009)가 있다. 두번째 책에는 Elisabeth Camp가 쓴, 비비의 사회적 생각에 관한 각별히 훌륭한 장이 들어 있다. José Luis Bermúdez의 *Thinking Without Words* (New York: Oxford University Press, 2003)는 언어가 없는 피조물의 사고 능력에 관한 포괄적인 연구 결과를 제공한다. 동물의 상위인지에 관한 문헌을 비판적으로 분석한 자료는 Peter Carruthers의 2008년 논문 "Metacognition in animals: A sceptical look", *Mind and Language*, 23: 58-89에서 찾아볼 수 있다. 속말이 외적 과정의 내면화를 수반한다는 발상은 러시아의 심리학자 Lev Vygotsky의 저작, 특히 그의 책 *Thought and Language* (Cambridge, MA: MIT Press, 1986) 〔배희철·김용호 옮김, 『생각과 말』(살림터, 2011)〕에서 찾아볼 수 있다. 상황 지어진 인지(situated cognition) 분야에서 일하는 저자들 다수가 생각을 돕는 일에서 외부 환경이 중요함을 강조해왔다. 그 예로 Edwin Hutchins의 *Cognition in the Wild* (Cambridge, MA: MIT Press, 2003)

와 Andy Clark의 *Natural-Born Cyborgs* (New York: Oxford University Press, 2003)를 보라. 인간이 하는 생각의 독특함에 기여하는 요인들에 대한 논의는 다음 저작들에서 더 찾아볼 수 있다. M. Tomasello and H. Rakoczy (2003), "What makes human cognition unique? From individual to shared to collective intentionality", *Mind and Language*, 18: 121-47; T. Suddendorf and M. Corballis (2007), "The evolution of foresight: What is mental time travel and is it uniquely human?", *Behavioral and Brain Sciences*, 30: 299-313; Kim Sterlney *Thought in a Hostile World* (Oxford: Blackwell, 2003).

제5장

G. E. R. Lloyd의 훌륭한 책 *Cognitive Variations: Reflections on the Unity and Diversity of the Human Mind* (Oxford: Oxford University Press, 2007)가 이 장에서 언급한 주제들 중 다수를 검토한다. 심리학이 심하게 '서쪽으로' 치우쳐 있는 데 대한 중요한 논의는 J. Henrich et al. (2010), "The weirdest people in the world?", *Behavioural and Brain Sciences*, 33, 2/3: 1-75에서 찾아볼 수 있다. 마음 개념의 문화적 차이는 A. Lilliard (1998), "Ethnopsychologies: cultural variations in theories of mind", *Psychological Bulletin*, 123/1: 3-32에 도표화되어 있다. '서양' 및 '아시아'의 사고방식 차이에 관한 Richard Nisbett의 영향력 있는 연구 결과를 대단히 읽기 쉽게 요약한 글은 그의 책 *The Geography of Thought* (New York: Simon & Schuster,

2003) 〔최인철 옮김, 『생각의 지도』(김영사, 2004)〕에서 찾아볼 수 있다. 니스벳과 동료들의 주장에 대한 비판적 평가가 궁금하면 H. Mercier (2011), "On the universality of argumentative reasoning", *Journal of Cognition and Culture*, 11 : 85 – 113를 보라. 사고와 언어의 관계를 훌륭하게 개관한 내용은 P. Bloom과 F. Keil의 2001년 논문 "Thinking through language", *Mind and Language*, 16/4 : 351 – 67 및 R. Morrison and K. Holyoak (eds), *The Cambridge Handbook of Thinking and Reasoning* (New York : Cambridge University Press, 2005)에 실린 L. Gleitman과 A. Papafragou의 2005년 글 "Language and thought"에서 찾아볼 수 있다.

제6장

이 장에서 제기되는 쟁점들을 더 알아보고 싶은 독자는 Jennifer Radden의 *On Delusion* (Routledge, 2010)과 Dominic Murphy의 *Psychiatry in the Scientific Image* (Cambridge, MA : MIT Press, 2006)를 참조하라. 망상과 관련해 임상 사례 연구와 인지신경과학을 통합하는 훌륭한 논의를 참고하려면 P. W. Halligan and J. C. Marshall (eds), *Method in Madness: Case Studies in Cognitive Neuropsychiatry* (Hove : Psychology Press, 1996)를 보라. 망상에 관해 매우 다른 관점을 제공하는 Louis Sass의 *The Paradoxes of Delusion: Wittgenstein, Schreber, and the Schizophrenic Mind* (Ithaca, NY : Cornell University Press, 1994)에는 19세기 독일의 판사 Daniel Paul Schreber의 화려한 망상에 관한 흥미

진진한 설명이 담겨 있다. 망상이 진정한 믿음이냐 아니냐를 더 캐고 싶은 독자들은 Lisa Bortolotti의 *Delusions and Other Irrational Beliefs* (Oxford: Oxford University Press, 2009)를 참고해야 한다. 단일주제 망상에 대한 접근법으로서 현재 영향력 있는 '두 요인' 접근법을 쉽게 개관하려면 M. Coltheart et al. (2011), "Delusional belief", *Annual Review of Psychology*, 62: 271－98을 찾아보면 된다.

제7장

Bernard Williams의 책 *Problems of the Self* (New York: Cambridge, 1973)에 실려 발표된 그의 논문 "Deciding to Believe"는 억견 주의주의에 관해 더 읽기 위한 훌륭한 출발점이 되어준다. Matthias Steup이 편집한 *Knowledge, Truth, and Duty: Essays on Epistemic Justification, Responsibility, and Virtue* (New York: Oxford University Press, 2001)에 실린 몇몇 논문도 이 장에서 다룬 주제들과 맞물린다. 믿음의 윤리에 관한 논의는 P. Hieronymi (2008), "Responsibility for believing", *Synthese* 161, 357－373; S. Keller (2004), "Friendship and belief", *Philosophical Papers*, 33: 329－351; S. Stroud (2006), "Epistemic partiality in friendship", *Ethics*, 116: 498－524에서 더 찾아볼 수 있다. 인간은 온갖 그릇된 믿음을 형성하도록 '생물학적으로 설계되어 있다'는 주장에 대한 흥미로운 변론을 참고하려면 Ryan McKay와 Daniel Dennett의 2009년 논문 "The evolution of misbelief", *Behavioral and Brain Sciences*, 32(6): 493－510을 보라.

제8장

의식을 이해하는 일이 제기하는 도전들에 관한 더 읽을거리는 David Chalmers의 *The Conscious Mind* (New York: Oxford University Press, 1996)와 Joseph Levine의 *Purple Haze: The Puzzle of Consciousness* (New York: Oxford University Press, 2004)에서 찾아볼 수 있다. 신신비주의를 비판적으로 논의하는 철학자 Robert van Gulick의 "Are we just all armadillos anyway?"는 N. Block et al. (eds), *The Nature of Consciousness* (Cambridge, MA: MIT Press, 1997)에서 찾아볼 수 있다. 사물 자체의 본성이 우리의 이해력 밖에 있느냐 아니냐에 관한 논의는 D. Braddon-Mitchell and R. Nola (eds), *Conceptual Analysis and Philosophical Naturalism* (Cambridge, MA: MIT Press, 2009)에 실린 David Lewis의 "Ramseyan Humility" 및 A. Hazlett (ed), *New Waves in Metaphysics* (New York: Palgrave Macmillan, 2010)에 실린 R. Langton과 C. Robichaud의 "Ghosts in the world machine? Humility and its alternatives"에서 더 찾아볼 수 있다. 부정의 길에 대한 해설은 세계의 모든 주요 종교에서 찾아볼 수 있다. 그 관점은 힌두교에서는 Shankara의 글에서 찾아볼 수 있고, 유대교에서는 Moses Maimonides의 저작에서 찾아볼 수 있으며, 기독교에서는 Meister Eckhard와 Julian of Norwich의 글과 밀접하게 연관되어 있고, 이슬람교에서는 Al Ghazali와 Ibn Miskawayh의 글에서 찾아볼 수 있다. 형언 불가능성에 대한 고전적 논의는 W. T. Stace의 책 *Time and Eternity* (Princeton, NJ: Princeton University Press, 1952)에서 찾

아볼 수 있다. 나 자신이 부정의 길에 관해 논의하는 동안은 William P. Alston의 1956년 논문 "Ineffability", *The Philosophical Review*, 65/4: 506–22의 신세를 졌다.

역자 후기

이 책은 영국 옥스퍼드대 출판부에서 펴내는 〈Very Short Introduction〉 시리즈의 생각 편이다. 철학 편이나 역사 편과는 달리 제목만으로는 정체가 모호하다. 하지만 책을 열면 '생각의 학문'이 무엇을 가리키는지 곧 드러난다. 저자의 말대로 철학, 심리학, 신경과학, 인류학, 언어학, 동물행동학, 컴퓨터과학 및 인공지능에 다리를 걸치고 있는 학문이라면, 한마디로 '인지과학'일 것이다. 그러나 아무리 르네상스적 인간이라도 한 인간이 '인지과학자'를 자부하기는 거의 불가능해 보인다. 그래서 젊은 철학자가 총대를 메고 문간에 서서, 생각의 학문으로 가는 길을 묻는 이에게 손가락 하나로 한 방향을 가리키는 대신, 대여섯 개의 손가락을 동시에 펼쳐 얼핏 우왕좌

왕 동서남북의 광야를 가리키게 되었으리라. 그래도 어느 길에서 출발하든 모든 길이 통한다면, 당장은 길을 잃어도 좋으리라. 우리는 길잡이의 손가락 대신에 광야를 보며, 그가 상투적일 만큼 친절하게 '다시 말해', '예컨대'를 반복하며 낯선 개념들을 소개할 때 생각의 끈을 놓지 않으면 될 일이다.

입문서인 이 책에서는 생각, 사고, 이성, 마음, 정신, 의식 등을 엄밀하게 구분할 필요가 없어 보이지만, 책 동네에서는 어휘력이 곧 행동반경이다. 부끄러운 사담이지만 역자는 첫 번역서로 의식이 주제인 책을 만났을 때 데카르트가 누구인지(이원론이 의식 논의의 첫걸음이라는 사실)도 몰랐다. 생각이 주제인 이 책을 집어들면서 파스칼이 누구인지도 몰랐던 독자가—있다면—'억견 주의주의' 따위의 단어와 마주쳤을 때 '어떤 느낌일지를 나는 안다고 생각'한다. 그래도 그 느낌을 동기 삼아 팀 베인 이후에도 길목마다 결코 자리를 비우지 않는 길잡이들의 뒤를 쫓으며 그들이 사용하는 '언어의 형식'에 젖다보면 어느 순간 이 동네에서는 '빨강'이라는 색깔이, '중국어'라는 언어가, '박쥐'라는 동물이 색다른 '의미'로 쓰일 수 있음을 알아차리게 되고, 그때쯤이면 역자가 (대개는 그저 본문의 단서를 따라) 사족처럼 추린 참고할 도서에 파킨슨병과 싸우는 '인지과학계의 대부', 암세포가 앗아간 '의학계의 계관시인' 등에 대한 감상적 사심이 묻어 있다는 사실도 간파하게 될 것이다. 그렇게—파스칼을 포함한—우리는 시공을 초월해 서로의 마음이 어떤 느낌일지를 헤아리는 길동무가 되어가리라.

참고할 도서

『심리철학: 초보자 안내서』, 라벤스크로프트 지음, 박준호 옮김, 서광사
『인지과학』, 이정모 지음, 성균관대학교출판부
『컴퓨터와 마음』, 윤보석 지음, 아카넷
『이런, 이게 나야』, 더글러스 호프스태터·대니얼 데닛 엮음, 김동광 옮김, 사이언스북스
『마음의 진화』, 대니얼 데닛 지음, 이희재 옮김, 사이언스북스
『뇌, 생각의 출현』, 박문호 지음, 휴머니스트
『생각하는 뇌, 생각하는 기계』, 샌드라 블레이크슬리·제프 호킨스 지음, 이한음 옮김, 멘토르
『마음은 어떻게 작동하는가』, 스티븐 핑커 지음, 김한영 옮김, 동녘사이언스
『마음은 그렇게 작동하지 않는다』, 제리 포더 지음, 김한영 옮김, 알마
『언어 본능』, 스티븐 핑커 지음, 김한영·문미선·신효식 옮김, 동녘사이언스
『언어의 진화』, 크리스틴 케닐리 지음, 전소영 옮김, 알마
『언어의 역사』, 스티븐 로저 피셔 지음, 유수아·박수철 옮김, 21세기북스

『그곳은 소, 와인, 바다가 모두 빨갛다』, 기 도이처 지음, 윤영삼 옮김, 21세기북스
『잠들면 안 돼, 거기 뱀이 있어』, 다니엘 에버렛 지음, 윤영삼 옮김, 꾸리에
『아내를 모자로 착각한 남자』, 올리버 색스 지음, 조석현 옮김, 이마고
『한 신경병자의 회상록』, 다니엘 파울 슈레버 지음, 김남시 옮김, 자음과 모음
『인문학에게 뇌과학을 말하다』, 크리스 프리스 지음, 장호연 옮김, 동녘 사이언스
『마인드 해킹』, 탐 스태포드 · 매트 웹 지음, 최호영 옮김, 황금부엉이
『왜 인간인가』, 마이클 가자니가 지음, 박인균 옮김, 추수밭
『의식』, 크리스토프 코흐 지음, 이정진 옮김, 알마
『믿음의 탄생』, 마이클 셔머 지음, 김소희 옮김, 지식갤러리
『생각의 한계』, 로버트 버튼 지음, 김미선 옮김, 더좋은책
『마음의 미래』, 미치오 가쿠 지음, 박병철 옮김, 김영사
『직관 펌프, 생각을 열다』, 대니얼 데닛 지음, 노승영 옮김, 동아시아

도판 목록

생각

THOUGHT

초판 1쇄 발행 2015년 10월 26일
초판 2쇄 발행 2023년 2월 1일

지은이 팀 베인
옮긴이 김미선

편집 최연희 조현나 김윤하
디자인 강혜림
저작권 박지영 형소진 이영은 김하림
마케팅 김선진 배희주
브랜딩 함유지 함근아 김희숙 박민재 박진희 정승민
제작 강신은 김동욱 임현식
제작처 한영문화사(인쇄) 한영제책사(제본)

펴낸곳 (주)교유당 **펴낸이** 신정민
출판등록 2019년 5월 24일 제406-2019-000052호
주소 10881 경기도 파주시 회동길 210
전자우편 gyoyudang@munhak.com
문의전화 031.955.8891(마케팅)
031.955.2680(편집)
031.955.8855(팩스)

페이스북 @gyoyubooks
트위터 @gyoyu_books **인스타그램** @gyoyu_books

ISBN 978-89-546-3813-5 03100